Werner Gitt

Was war der Stern
von Bethlehem?

Die von Gott in spannender Weise arrangierte
Reise der Weisen aus dem Morgenland mit dem
außergewöhnlichen Stern und der Begegnung mit
dem neugeborenen Jesuskind

Zum Titelbild:

Realistische Darstellung, wie hellscheinend der Stern von Bethlehem wohl gewesen sein mag. Bezüglich der Anzahl der Weisen siehe Kapitel 7.
Bildquelle: Image from the fulldome show „Mystery of the Christmas Star", produced by Evans & Sutherland.

Werner Gitt
Was war der Stern von Bethlehem?

1. Auflage 2015
© Lichtzeichen Verlag GmbH
Illustrationen: www.colosseum-creation.de
Bilder/Fotos: shutterstock
ISBN: 978-3-86954-253-9
BN: 548253

Muneribus oblatis magi ex oriente dominum nostrum Iesum Christum magno honore afficiebant. Hoc libro exemplum eorum virorum sequamur domninoque nostro Jesu Christo omnes nostras cogitationes honori donum dare volumus.

Honor ei, qui stellam apud Bethleem ortam creavit, honor ei, qui hoc modo demonstratus est quique propter nos in hunc mundum venit salutis nostrae causa.

Inhalt

Vorwort

Wohl kaum ein anderer Bericht des Neuen Testamentes hat so viele Gemüter bewegt, so viele Denker herausgefordert und so viele Künstler zum Gestalten von Gemälden inspiriert wie die Reisegeschichte der Weisen aus dem Morgenland. Andererseits hat auch kaum eine andere Begebenheit des Neuen Testaments so viele Veränderungen und Abwandlungen erfahren und so sehr zur Legendenbildung geführt wie der Bericht über diese weitgereisten namenlosen Männer.

Im Neuen Testament werden die Weisen nicht als „Könige" bezeichnet, auch gibt es keine Angabe über ihre Anzahl. Dieses und vieles andere mehr wurde in Legenden hinzugefügt, die besonders ab dem 3. Jahrhundert ihren Anfang nahmen. Die in der Westkirche verbreiteten Namen *Caspar*, *Melchior* und *Balthasar* werden erstmals in den Legenden des 6. Jahrhunderts erwähnt. In syrischen Legenden heißen sie *Lavandad*, *Hormisdas* und *Gushnasaph*. Bei den Armeniern werden sie *Kagba* und *Badadilma* und bei den Äthiopiern *Tanisuram, Mika, Sisisba, Awnison, Libtar* und *Kasäd* genannt. Je nach Legende und Land schwankt die Zahl zwischen zwei und zwölf.

Der christliche Schriftsteller, Jurist und Kirchenlehrer *Tertullian* (nach 150 bis nach 220) schrieb, diese Männer aus dem Osten seien wie Könige aufgetreten. Der Weg, sie endgültig zu Königen zu „befördern" war damit schon geebnet, und das geschah dann auch bei *Caesarius von Arles* oder *Isidor von Sevilla*. In der katholischen Kirche werden die „drei Könige" zudem als Heilige verehrt. Dann folgte ein weiterer Schritt der Verehrung, als man ihnen einen Tag im Kirchenjahr reservierte. Es ist das Epiphaniasfest, das am 6. Januar begangen wird. In vielen Gebieten Deutschlands heißt dieser 6. Januar auch „Dreikönigsfest" oder „Dreikönigstag".

In reichhaltigem Maße hat sich auch die Kunst „dieser Könige" angenommen und damit die weitere Legendenbildung angefacht oder bereits Legendäres gefestigt. Oft werden sie als Jüngling, erwachsener Mann und Greis dargestellt. Nach einer griechischen Vorlage schrieb *Beda Venerabilis* (oder sein Nachfolger) um 730, *Melchior* sei ein Greis mit weißem Bart, *Balthasar* ein Mann mittleren Alters mit dunklem Vollbart und *Caspar* ein bartloser Jüngling gewesen. In den Mysterienspielen zum Dreikönigsfest des Mittelalters erfährt die Dreikönigslegende weitere Ausgestaltungen. Darin werden ihnen drei verschiedene Herkunftsländer zugewiesen: *Melchior* wird zum König von Arabien, *Balthasar* von Saba und *Caspar* von Chaldäa. In französischen Mysterienspielen ab dem 11. Jahrhundert werden den „Königen" die damals bekannten Erdteile Europa, Asien und Afrika zugeordnet.

Wie könnte es anders sein, wenn religiöse Menschen sich etwas ausdenken? Nun fehlen nur noch die Reliquien der „Könige". Aus dem 12. Jahrhundert ist darum eine Legende überliefert, wonach *Helena*, die Mutter des römischen Kaisers *Konstantin d. Gr.* (zw. 270 und 288 bis 337), auf einer Pilgerfahrt in Palästina um das Jahr 326 die Gebeine gefunden und mitgebracht haben soll. Nach einer weiteren Legende soll Bischof *Eustorgius I. von Mailand* (gest. um 350) die Gebeine einige Jahre später als Geschenk des Kaisers erhalten haben. 1158 wurden sie dann angesichts der ersten Belagerung Mailands durch Kaiser *Friedrich Barbarossa* sichergestellt. Nach der Eroberung Mailands im Jahre 1162 schenkte *Barbarossa* die Gebeine dem kaiserlichen Kanzler und Kölner Erzbischof *Rainald von Dassel*. Am 23. Juli 1164 gelangten die Reliquien schließlich nach Köln, wo sie bis heute im Kölner Dom verehrt werden. Ein kostbarer Schrein wurde ihnen zu Ehren zwischen 1190 und 1225 durch den Goldschmied *Nikolaus von Verdun* gefertigt. Dieser Reliquienschrein gilt als das größte und künstlerisch anspruchsvollste Reliquiar, das aus dem Mittelalter erhalten ist. Die Echtheit der Reliquien ist aus mehreren Gründen höchst fragwürdig, insbesondere aber, weil der biblische Bericht dem entgegensteht. Warum sollten die Gebeine in Palästina begraben sein, wo doch in Matthäus 2,12 ausdrücklich gesagt wird, dass die Weisen in ihr Land im Osten zurückgekehrt sind?

Auch die Deutung des Sterns von Bethlehem hat im Laufe der Jahrhunderte alle möglichen Gestirne und Gestirnkonstellationen durchlaufen. Auf dem Gemälde „Anbetung der Heiligen Drei Könige" (Capella degli Scrovegni, Padua) des italienischen Malers *Giotto di Bondone* (1266-1337) wird erstmals ein Komet als Stern von Bethlehem dargestellt. Der Künstler war sicherlich dadurch beeinflusst, dass einige Jahre vor Beginn seiner Arbeiten an dem Gemälde, nämlich 1301, der Halleysche Komet sichtbar war. Auch eine Supernova ist mehrfach in Betracht gezogen worden. Der Mathematiker und Astronom *Johannes Kepler* (1571-1630) setzte die Idee der Planetenkonjunktion von Jupiter und Saturn in die Welt. Diese Deutungsweise wird alljährlich in christlichen Zeitschriften zur Weihnachtszeit wiederholt. Auch andere Konjunktionen von Planeten sind vorgeschlagen worden und mit großem Eifer und Begründungsaufwand verteidigt worden.

All das hat dazu beigetragen, sich mehr und mehr vom biblischen Text zu entfernen, so dass die wahre Geschichte kaum noch erkennbar ist.

Das alles habe ich als große Herausforderung angesehen und bin unter einer – allerdings sehr wichtigen und zudem fast 2000 Jahre alten Voraussetzung – an die Geschichte herangegangen. Dieser Grundsatz stammt von Paulus, der gelehrt hat: „Ich glaube allem, was geschrieben steht" (Apg 24,14). Das bedeutet: Die ganze Bibel repräsentiert Wahrheit, und auf jede einzelne Aussage ist naturwissenschaftlich wie historisch Verlass.

Nimmt man jedes Detail des Berichtes aus Matthäus 2,1-12 ernst und glaubt jeder Zeile, dass sie so von Gott gewollt und autorisiert ist, dann ergibt sich ein deutlich anderes Bild, als es weithin in säkularen, aber auch in christlichen Publikationen verbreitet wird:

- Die Legende von den ernannten „drei Königen" bricht zusammen.
- Die am häufigsten verbreitete Deutung des Sterns von Bethlehem als Planetenkonjunktion von Jupiter und Saturn ist weder astronomisch noch biblisch haltbar.
- In volkstümlichen Darstellungen finden wir den Stern von Bethlehem fast ausschließlich als Schweifstern (Komet) dargestellt. Auch diese Version erweist sich als Fehldeutung.

Unter Verwendung des Gesamtzeugnisses der Bibel kommen wir zu den folgenden Ergebnissen:

- dass die „Magoi" weder Sterndeuter noch heidnische Babylonier, sondern gläubige Juden am Königshof waren.
- dass für das Verhalten des Sterns von Bethlehem laut Matthäus 2,1-12 kein einziges astronomisches Gestirn infrage kommt. Jegliche heutige Suche am astronomischen Himmelsgewölbe gleicht dem Auffinden einer schwarzen Katze in einem dunklen Zimmer, in dem sie sich aber nicht befindet. D. h. der Stern von Bethlehem existierte nur für die Dauer der Reise der Weisen und ist darum danach prinzipiell nicht mehr auffindbar.
- dass für den Stern von Bethlehem nur noch eine einzige Deutungsmöglichkeit übrig bleibt: Es war ein von Gott neu geschaffenes Lichtzeichen, das einem einmaligen Zweck diente. Auch die Arche Noah diente einst nur einem einmaligen Zweck.
- dass der Zwischenaufenthalt bei Herodes kein Irrtum war, sondern eine von Gott gewollte Strategie. Durch den Besuch der Weisen am Königshof bot Gott ganz Israel die Möglichkeit, von der Geburt seines Sohnes zu erfahren.

Das Buch gliedert sich in vier Teile:

In Kapitel 1 geht es vorwiegend um astronomische Argumente. Durch Ausschluss wird nachgewiesen, dass alle heute existierenden Gestirne oder auch seltene Gestirnkonstellationen unseres Sternenhimmels als Stern von Bethlehem auszuschließen sind.

In Kapitel 2 wird gezeigt, welche Lehren wir für uns aus der Reisegeschichte der Weisen ziehen können. Außerdem wird versucht, Antworten auf Fragen zu geben, die sich zwangsläufig beim Lesen von Matthäus 2,1-12 ergeben.

Kapitel 3 ist von der Art anders als die beiden vorangegangenen Kapitel, die mehr nüchtern und analytisch gestaltet sind. Man könnte dieses längste Kapitel des Buches als eine sehr ausführliche Predigt oder auch als Hörspiel ansehen. In Form einer Erzählung werden viele Details der Reisegeschichte aufgegriffen und in Dialogen veranschaulicht. Dabei werden die biblischen Leitlinien eingehalten; nur die Rahmenerzählung ist in großer Freiheit ausgeschmückt – allerdings immer aus dem historischen Kontext und auf Basis des biblischen Textes. Es wird versucht, das Erlösungshandeln durch unsern Herrn Jesus Christus so herauszuarbeiten, dass auch der heutige Leser die Wunder Gottes nachvollziehen kann und selbst zum Staunen gelangt. Das Ziel ist erreicht, wenn auch wir – wie die Weisen aus dem Morgenland und die Hirten von Bethlehem – zur Anbetung kommen.

In Kapitel 4 soll schließlich auf die einzigartige Bedeutung der Errettung durch den Herrn Jesus hingewiesen werden. Es wird ganz praktisch gezeigt, wie jeder Leser, der auf der Suche nach Gott ist, zum Eintrag in das Buch des Lebens gelangen kann und damit eine ewige und herrliche Zukunft vor sich hat.

Werner Gitt

Kapitel 1

Was war der Stern von Bethlehem?

1.1 Voraberzählung – Der weise Indianerhäuptling

In einem nordamerikanischen Indianerstamm hatte der Häuptling seine Leute versammelt, um wichtige Belange des Stammes zu besprechen. Am Ende stellte ihm einer seiner Getreuen eine Frage:

„Großer Häuptling, wie wird der kommende Winter werden?"

Der Häuptling war ein weiser Mann, der seine Leute genau kannte. Er dachte bei sich: „Sage ich, es gibt einen milden Winter, so werden meine roten Brüder kein Holz sammeln. Also sage ich, es wird einen langen und harten Winter geben."

Und so antwortete er auch.

Der Häuptling beobachtete nun sehr aufmerksam den Herbst. Er war außergewöhnlich mild und dauerte zudem schon viel länger als sonst. Er wurde sich unsicher mit seiner Vorhersage: „Was kann ich nur tun?" – dachte der Häuptling und hatte sogleich eine Idee: Er ritt zur nächsten meteorologischen Station und fragte den weißen Wissenschaftler:

„Weißer Bruder, könnt ihr mir sagen, wie der nächste Winter werden wird?" – „Ja, wir erwarten einen sehr langen und auch harten Winter!"

Staunend betrachtete der Häuptling all die Computer, Messgeräte und Antennen. „Kein Wunder", bemerkte er, „das habt ihr mit all diesen Geräten herausgefunden?"

„Nein", erklärte der Meteorologe „wir haben die Indianer beobachtet, und die sammeln Holz wie die Verrückten."

So hatte der Häuptling seine eigene Information wieder zurück erhalten.

Wir brauchen eine verbindliche Informationsquelle, die außerhalb unserer eigenen Ideen liegt. Die wichtigste Quelle für uns Christen ist das Wort Gottes, um die Welt zu verstehen.

1.2 Urkatastrophe und Rettungsplan

In dieser Welt hat es viele Katastrophen gegeben. Was aber war die allergrößte Katastrophe? War es der Untergang der Titanic oder der Zweite Weltkrieg? Die allergrößte Katastrophe war der Sündenfall im Garten Eden. Die ersten Menschen trennten sich von Gott und handelten sich damit die ewige Verlorenheit ein. Der Sündenfall ist die Urkatastrophe und somit auch der Urgrund für alle in dieser Welt geschehenen Katastrophen.

Gott aber will nicht, dass wir verlorengehen, und so hat er einen Rettungsplan mit einem ganz persönlichen Retter initiiert.

In zehn verschieden Arten der Verkündigung wird Gottes Rettungsplan bekanntgemacht. In vierfacher Art kündigt Gott das Kommen des Retters vor seinem Erscheinen an und in sechsfacher Weise danach. Schauen wir uns diese zehn Methoden der Bekanntmachung kurz an:

1 Sender: Gott
Empfänger: Adam und Eva

Die allererste Ankündigung der Geburt des Retters geschah *durch Gott* selbst: Gleich nach dem Sündenfall verspricht Gott Rettung aus dieser verfahrenen Situation. In dieser an Adam und Eva gerichteten Botschaft ist noch Vieles verschlüsselt. Es bedarf noch der Decodierung des kaum verständlichen Textes. Der Name des Retters wird noch nicht genannt, und über seine Person wird nur gesagt, dass er einen Sieg erringen wird, wobei er selbst in Mitleidenschaft gezogen wird. Weiterhin wird er von einem Nachkommen Evas geboren werden:

„Und ich will Feindschaft setzen zwischen dir und dem Weibe und zwischen deinem Nachkommen und ihrem Nachkommen; der soll dir den Kopf zertreten, und du wirst ihn in die Ferse stechen" (1. Mose 3,15).

2 Sender: Propheten in Israel
Empfänger: Das Volk Israel

Geradezu unzählige weitere Ankündigungen geschehen dann *durch die Propheten an das Volk Israel*: Alle folgenden Ankündigungen im Alten Testament geschahen ausschließlich durch Menschen, die Gott dazu berufen hatte. In einer schier endlos erscheinenden Kette von Hinweisen lässt Gott den Retter durch die Propheten ankündigen. Stellvertretend seien hier drei genannt:

4. Mose 24,17: „Es wird ein Stern aus Jakob aufgehen und ein Zepter aus Israel aufkommen."

Jesaja 9,5: „Denn uns ist ein Kind geboren, ein Sohn ist uns gegeben, und die Herrschaft ruht auf seiner Schulter; und er heißt Wunder-Rat, Gott-Held, Ewig-Vater, Friede-Fürst."

Micha 5,1: „Und du Bethlehem Efrata, die du klein bist unter den Städten in Juda, aus dir soll mir der kommen, der in Israel Herr sei, dessen Ausgang von Anfang und von Ewigkeit her gewesen ist."

3 Sender: Engel Gabriel
Empfänger: Maria

Die vorletzte Ankündigung vor der Geburt des Retters geschieht durch *einen Engel*: Es ist der Engel **Gabriel**, der die Botschaft an **Maria** richtet. Erstmalig wird nun **der Name** in Lukas 1,31-33 offenbart:

„Siehe, du wirst schwanger werden und einen Sohn gebären, und du sollst ihm den Namen Jesus geben. Der wird groß sein und Sohn des Höchsten genannt werden; und Gott der Herr wird ihm den Thron seines Vaters David geben, und er wird König sein über das Haus Jakob in Ewigkeit, und sein Reich wird kein Ende haben."

4
Sender: Ein Engel (Name wird nicht genannt)
Empfänger: Joseph

Die **allerletzte Ankündigung** vor der Geburt geschah durch den Engel des Herrn an Josef. Sein Name wird nicht genannt:

„Josef, du Sohn Davids, fürchte dich nicht, Maria, deine Frau, zu dir zu nehmen; denn was sie empfangen hat, das ist von dem heiligen Geist. Und sie wird einen Sohn gebären, dem sollst du den Namen Jesus geben, denn er wird sein Volk retten von ihren Sünden" (Matthäus 1,20-21).

Als Jesus dann geboren war, galt es, dieses Ereignis den Menschen bekannt zu machen. Wie tut Gott das? Geschieht es

● durch den römischen Kaiser?
● durch die jüdischen Theologen?
● durch einen besonders ausgewählten Menschen?

Nichts dergleichen!

Die allererste Verkündigung der Geburt Jesu – *nachdem er geboren war –* geschah abermals durch

einen Engel: Bemerkenswert ist, *wem* Gott die Botschaft ausrichten lässt. Sie wird nicht den berühmten Theologen jener Tage gesagt, auch nicht dem Bürgermeister von Jerusalem oder dem römischen Gouverneur, sondern einfachen Hirten, die nachts ihre Herde hüteten. In der Weihnachtsgeschichte lesen wir in Lukas 2,10-14, was der Engel des Herrn (sein Name wird nicht genannt) wörtlich verkündet:

5 Sender: Ein Engel
Empfänger: Die Hirten auf dem Feld

„Fürchtet euch nicht! Siehe, ich verkündige euch große Freude, die allem Volk widerfahren wird; denn euch ist heute[1] der Heiland geboren, welcher ist Christus, der Herr, in der Stadt Davids. Und das habt zum Zeichen: ihr werdet finden das Kind in Windeln gewickelt und in einer Krippe liegen."

---

1 Im Lukasevangelium finden wir ein mehrfaches HEUTE:
   - Euch ist **heute** der Heiland geboren (Die Geburt Jesu; Lukas 2,11)
   - **Heute** ist dies Wort der Schrift erfüllt (Jesu Predigt in Nazareth; Lukas 4,21)
   - Ich muss **heute** in deinem Hause einkehren (Jesus kommt zu Zachäus; Lukas 19,5)
   - **Heute** ist diesem Hause Heil widerfahren (Zachäus ist errettet; Lukas 19,9)
   - **Heute** wirst du mit mir im Paradiese sein (Der Schächer am Kreuz; Lukas 23,43).
   - Wir haben **heute** seltsame Dinge gesehen (Nach der Heilung des Gichtbrüchigen; Lukas 5,26)
   - Ich mache gesund **heute** und morgen (Jesu Aussagen; Lukas 13,32+33)
   - Unser tägliches Brot gib uns Tag für Tag (**heute**) (Vaterunser; Lukas 11,3)

6 Sender: Die Hirten
Empfänger: Menschen ihres Umfeldes

Diese Hirten waren die ersten Menschen, die die Verkündigung fortsetzten:

„Als sie (= die Hirten) es aber gesehen hatten, breiteten sie das Wort aus, das zu ihnen von diesem Kinde gesagt war" (Lukas 2,17).

7 Sender: Stern
Empfänger: Mehrere Weise außerhalb von Israel

Die siebte Art der Verkündigung nach der Geburt Jesu geschah durch einen Stern: Gott greift nun zu einem ganz außergewöhnlichen Mittel der Verkündigung. Er benutzt einen Stern, der uns allen bekannt ist als **„Der Stern von Bethlehem".** Mit diesem besonderen Stern wollen wir uns im Folgenden ausgiebig beschäftigen und dabei der Frage nachgehen: *„Was war der Stern von Bethlehem?"*

Zuvor seien noch drei weitere Punkte zum Fortgang der Verkündigung erwähnt:

8 Sender: Jesus
Empfänger: Das Volk Israel

Die achte Art der Verkündigung geschieht durch den Retter selbst:

„Und Jesus zog umher ... und predigte das Evangelium vom Reich Gottes" (Matthäus 4,23).

9 **Sender:** An Christus gläubige Menschen
Empfänger: Menschen aus allen Völkern

**Die weitere Verkündigung des Evangeliums (9. Art)
hat Gott dann treuen Menschen anbefohlen:** Am
Ende des Matthäus-Evangeliums (Kapitel 28,18-20)
gibt Jesus diesen Befehl, der der räumlich wie zeitlich
weiteste ist, der je Menschen erteilt wurde, nämlich
dieses Evangelium bis zu seinem Wiederkommen bis
an die Enden der Erde zu tragen:

**„Mir ist gegeben alle Gewalt im Himmel und auf Er-
den. Darum gehet hin und machet zu Jüngern alle
Völker: Taufet sie auf den Namen des Vaters und
des Sohnes und des heiligen Geistes und lehret sie
halten alles, was ich euch befohlen habe. Und siehe, ich bin bei euch alle Tage bis an der Welt Ende."**

Die Weitergabe der rettenden Botschaft von Jesus
geschieht nun seit fast 2000 Jahren – millionen- und
abermillionenmal im Laufe der Missionsgeschichte.
Der Auftrag ist jedoch noch nicht beendet. Alle Welt
soll es hören: Wer Jesus Christus annimmt, dem ge-
reicht es zum ewigen Leben. Wer ihn ablehnt, bleibt
in seinem verlorenen Zustand und gelangt ins ewige
Verderben.

10 **Sender:** Ein Engel
Empfänger: Alle Völker der Erde

**Die letztmalige Verkündigung des Evangeliums (10.
Art) geschieht dann wieder durch einen Engel:** Davon lesen wir in Offenbarung 14,6:

„Und ich sah einen Engel fliegen mitten durch den Himmel, der hatte ein ewiges Evangelium zu verkündigen denen, die auf Erden wohnen, allen Nationen und Stämmen und Sprachen und Völkern."

1.3 Die Weisen aus dem Morgenland (Bibeltext)

Kehren wir nun wieder zum Stern von Bethlehem zurück; den biblischen Bericht finden wir in Matthäus 2,1-12 (*Luther*-Übersetzung 1984):

1 *Als **Jesus geboren war in Bethlehem** in Judäa zur Zeit des Königs Herodes, siehe, da kamen **Weise aus dem Morgenland** nach Jerusalem und sprachen:*

2 ***Wo** ist der **neugeborene König der Juden**? Wir haben **seinen Stern** gesehen im Morgenland und sind gekommen, ihn anzubeten.*

3 *Als das der König Herodes hörte, erschrak er und mit ihm ganz Jerusalem,*

4 *und er ließ zusammenkommen alle Hohenpriester und Schriftgelehrten des Volkes und erforschte von ihnen, **wo der Christus** geboren werden sollte.*

5 *Und sie sagten ihm: **In Bethlehem** in Judäa; denn so steht geschrieben durch den Propheten (Micha 5,1):*

6 *„Und du, Bethlehem im jüdischen Lande, bist keineswegs die kleinste unter den Städten in Juda; denn aus dir wird kommen der Fürst, der mein Volk Israel weiden soll."*

7 *Da rief Herodes die Weisen heimlich zu sich und erkundete genau von ihnen, **wann der Stern** erschienen wäre,*

8 *und schickte sie nach Bethlehem und sprach: Zieht hin und forscht fleißig nach dem Kindlein; und wenn ihr's findet, so sagt mir's wieder, dass auch ich komme und es anbete.*

9 *Als sie nun den König gehört hatten, zogen sie hin. Und siehe, **der Stern**, den sie im Morgenland gesehen hatten, ging vor ihnen her, bis er über dem Ort stand, wo das Kindlein war.*

10 *Als sie **den Stern** sahen, wurden sie hoch erfreut*

11 *und gingen in das Haus und fanden das Kindlein mit Maria, seiner Mutter, und fielen nieder und beteten es an und taten ihre Schätze auf und schenkten ihm Gold, Weihrauch und Myrrhe.*

12 *Und Gott befahl ihnen im Traum, nicht wieder zu Herodes zurückzukehren; und sie zogen auf einem anderen Weg wieder in ihr Land.*

1.4 Welche markanten Merkmale zeigt der biblische Text über den Stern von Bethlehem?

1) Der Stern weist offensichtlich wochenlang immer in ein und dieselbe Richtung westwärts, bis die Weisen mithilfe dieses Reisezeichens in Jerusa-

lem ankommen. Der Stern ist offenbar Tag und Nacht zu sehen.

2) Als die Weisen in Jerusalem angekommen sind, wird der Stern unsichtbar – er ist vom Himmel verschwunden. Die Weisen glauben sich am Ziel. Woanders kann ein König geboren werden als in einem Palast? So denken sie und suchen die königliche Residenz auf.

3) Herodes beruft in Jerusalem eine Konferenz ein, um von den Schriftgelehrten den Geburtsort des Kindes erforschen zu lassen. Im Nu finden sie heraus, dass es Bethlehem ist.

4) Nun machen sich die Weisen auf den Weg nach Bethlehem, das nur neun Kilometer Luftlinie von Jerusalem entfernt liegt. Man hatte ihnen gesagt, wo der Ort liegt und ihnen den Weg dorthin beschrieben.

5) Plötzlich – erst kurz vor Bethlehem – erscheint den Weisen wieder der bekannte Stern. Es heißt in Vers 10: „Als sie den Stern [wieder] sahen, wurden sie hoch erfreut." Ihre plötzliche Freude wird extra erwähnt. Der Stern erscheint nicht in irgendeiner Weite am Horizont, sondern tief über einem ganz bestimmten Haus stehend. Er weist so eindeutig auf ein ganz bestimmtes Haus hin, dass wir uns vorstellen können, er befände sich nur einen Meter über dem Dach. Sie mussten noch nicht einmal nach der Hausnummer fragen.

Unter den zahlreichen prophetischen Hinweisen auf das Kommen Jesu in diese Welt wird er in 4. Mose 24,17 **als** aufgehender **Stern** verheißen:

„Es wird ein Stern aus Jakob aufgehen und ein Zepter aus Israel aufkommen."

Auffällig ist, dass die Bibel **dreimal Gestirne** als begleitende Zeichen verwendet, um drei besondere historische Ereignisse im Leben Jesu zu markieren:

Bei der **Geburt** Jesu berichten die **Weisen aus dem Morgenland:**

„Wir haben seinen Stern im Morgenland gesehen und sind gekommen, ihn anzubeten" (Mt 2,2).

Bei der **Kreuzigung** verlor die Sonne drei Stunden lang ihren Schein (Lukas 23,45). Das war keine normale Sonnenfinsternis, denn eine solche dauert maximal etwa acht Minuten.

Bei der **Wiederkunft Jesu** „wird die Sonne sich verfinstern und der Mond seinen Schein verlieren, ... und die Kräfte des Himmels werden ins Wanken kommen" (Matthäus 24,29).

	3 x K
• Die Geburt Jesu (Matthäus 2,2)	**K**RIPPE
• die Kreuzigung Jesu (Lukas 23,44-45)	**K**REUZ
• die Wiederkunft Jesu (Matthäus 24,29-30)	**K**RONE

Es ist viel darum gerätselt worden, **welcher Stern** oder welche astronomische Sternkonstellation zu dem Stern von Bethlehem passt. (z. B. *Keller:* Und die Bibel hat doch recht; S. 331-339; *Ferrari d'Occhieppo:* Der Stern von Bethlehem).

So kommen wir zu der wichtigen Frage:

1.5 Was könnte der Stern von Bethlehem gewesen sein?

Da im Laufe der Geschichte viele Möglichkeiten von Gestirnen unseres Universums als Stern von Bethlehem vorgeschlagen wurden, wollen wir diese zunächst daraufhin prüfen, ob sie zu den Aussagen des biblischen Berichtes passen und ob irgendein Gestirn in der Lage ist, ein so präzises Reisezeichen zu sein. Wir nennen hier drei der vorgeschlagenen Möglichkeiten:

1.5.1 Kometen

Helle Kometen mit einem langen Schweif haben die Gemüter in allen Jahrhunderten immer tief bewegt. Man deutete sie als Vorboten besonderer Ereignisse. Künstler haben diesen Gedanken aufgegriffen und bei volkstümlichen Krippendarstellungen und in Bildern von der Geburt Christi über dem **Stall[2] von Bethlehem** einen hellstrahlenden Kometen mit langem Schweif dargestellt.

---

2 Das Wort *Krippe* (Lukas 2,12) legt einen Stall als Geburtsort Jesu nahe, hingegen spricht Matthäus 2,11 von einem Haus (griech. *oikia* = Haus oder auch Höhle) bzw. einer Herberge, so dass es sich wohl eher um eine (überfüllte) Karawanserei gehandelt haben könnte.

Bild 1: *Der Halleysche Komet mit bläulichem Gasschweif und weißem Staubschweif. Dieser periodische Komet kam zuletzt 1986 in Erdnähe. Er ist der einzige Komet, der meistens gut mit freiem Auge beobachtet werden konnte. Er wurde nach dem englischen Physiker Edmond Haley (1656-1742) benannt, der sich um die Bahnbestimmung verdient gemacht hat.* (Urheberrecht: Shutterstock, solarseven)

Kometen scheiden aber aus mehreren Gründen als Stern von Bethlehem aus:

Grund 1: Die Astronomie kennt keinen Kometen im Bereich der Zeitenwende (= Zeitraum um die Geburt Jesu herum). Nur in den Jahren 12 v. Chr. und 66 n.

Chr. gab es helle Schweifsterne, und das war der Halleysche Komet[3].

Grund 2: Kometen galten von altersher als **Unheilbringer** und als Ankünder von Katastrophen (Kriege, Pestilenz).

Mauritius Knauer (1613-1664), der Vater des 100-jährigen Kalenders, schrieb über die Kometen Folgendes:
„Kometen mit Schweif (und Bart) erscheinen oft aus übernatürlichen Gründen auf Gottes Geheiß und bringen viel Schlimmes mit sich. Einige Kometen beziehen ihre Kraft von den Planeten, mit denen sie verbunden sind, andere von den Tierkreiszeichen, in denen sie erscheinen. Wenn der Komet gleichzeitig mit dem **Saturn** erscheint, wird es ein großes Sterben geben. Ist er mit **Jupiter** verbunden, dann droht den Königen, Fürsten und Herzögen Schlimmes und Ungünstiges. Regiert **Mars**, wenn ein Komet auftaucht,

---

3 **Halleyscher Komet:** Zu dem Kometen aus dem Jahre 12 v. Chr. (10. Oktober) gibt es einen chinesischen Bericht: Es handelte sich um den *Halleyschen Kometen*, der nach einer Umlaufzeit von im Mittel 76 Jahren unregelmäßig wiederkehrt. 66 n. Chr. (25. Januar) kommt der *Halleysche Komet* fast zwei Jahre verspätet. In seinem Auftauchen sahen die Römer die Ankündigung des Endes der Herrschaft *Neros*. *Nero* überlebte aber um zwei Jahre. 1986 war er das letzte Mal sichtbar. Davor erschien er in den Jahren 1910, 1835, 1759, 1682, 1607, 1531, 1456, 1378. Die nächste Wiederkehr ist für das Jahr 2061 errechnet worden. Der *Halleysche Komet* ist der hellste bekannte Komet. Er kann mit bloßem Auge beobachtet werden. Bei Kometen gibt man meistens die absolute Helligkeit an. Unter der absoluten Helligkeit versteht man die Helligkeit eines astronomischen Gestirns, das es haben würde, wenn es aus einer Entfernung von 10 parsec betrachtet würde. 1 parsec entspricht der Entfernung, von der aus gesehen der mittlere Abstand Sonne – Erde (= 1 AE, Astronomische Einheit) unter einem Winkel von 1'' (= 1 Bogensekunde) erscheint. 1 parsec = 206 264,8 AE = 3,2633 Lichtjahre = 30,86 Billionen Kilometer.

dann bringt er Streit und Kriegsgeschrei bis zum Blutvergießen. Unter **Venus** gibt es Dürre. Ist der Komet dem **Merkur** zugesellt, dann sterben Menschen besten Alters und bester Bildung. Kommt ein Komet schließlich in einem **Mondjahr**, dann stirbt ein Volk."

Wir können eine wichtige Schlussfolgerung ziehen: Gott wird für die **Freudenbotschaft**, dass der Retter kommen wird, nicht ein Zeichen verwenden, das so stark negativ besetzt ist.

Grund 3: Den Hauptgrund nenne ich etwas später, weil er für sämtliche Gestirne gilt.

1.5.2 Supernovae

Als weitere astronomische Erscheinung hat man die sog. „Nova" (lat. *nova stella* = neuer Stern) angesehen. Eine Supernova entsteht durch Explosion eines Riesensterns. Ihre Helligkeit ist 10 Milliarden-mal heller als die Sonne. Bereits in der Antike ist von dem plötzlichen Aufleuchten eines sternähnlichen Objektes, das einige Nächte lang dort zu sehen war, wo vorher mit bloßem Auge kein Stern sichtbar war, berichtet worden. Um die Zeitenwende ist nur zweimal vom Aufflammen eines „neuen Sterns" die Rede, nämlich 134 v. Chr. und 173 n. Chr.[4]. In der Antike konnten nur solche Himmelsphänomene aufgezeichnet werden, die mit unbewaffnetem Auge – d. h. mit bloßem Auge ohne jegliche optische Instrumente – beobachtet werden konnten. Keine der vielen alten

---

4 *K. F. Hoffmann:* „Siehe da kamen die Weisen vom Morgenland", Manuskript zum Vortrag vom 18.12.1974 im Zeiss-Planetarium Berlin, Wilhelm-Foerster Sternwarte.

Quellen und Überlieferungen erwähnt einen hellen Kometen oder einen hellen Stern im Mittelmeerraum um das Jahr Null.

Hinweis: In dem Buch von *Werner Papke* „Das Zeichen des Messias" (S. 81-89) wird die Ansicht vertreten, der Stern von Bethlehem sei eine Supernova gewesen. Dies wird aber nur angenommen; es handelt sich also nicht um eine beobachtete Nova.

Bild 2: *Der Krebsnebel M1 im Sternbild Stier (Taurus). Er ist ein Überrest der Supernova, die im Jahre 1054 von einem chinesischen Hofastronomen beschrieben wurde. Damals war es der hellste Stern am Himmel, der drei Wochen lang – auch am Tage – beobachtbar war. Heute hat der Nebel eine Ausdehnung von 11 x 7 Lichtjahren und expandiert immer noch mit einer Geschwindigkeit von mehr als 1000 km/s. Seine Entfernung von der Erde beträgt 6300 Lichtjahre. (Urheberrecht: Shutterstock, AstroStar)*

1.5.3 Planetenkonjunktion

Im Jahre 1603 – genauer am 17. Dezember – tat sich erstmals eine geeignete Lösung auf, um den Stern von Bethlehem astronomisch zu deuten. Der bekannte kaiserliche Mathematiker und Hofastronom *Johannes Kepler* (1571-1630) beobachtete auf dem Hradschin in Prag mit seinem Fernrohr den Sternenhimmel. Er gelangte zu einer nicht alltäglichen Beobachtung:

Die Planeten Jupiter und Saturn begegneten sich in jener Nacht im Sternbild der Fische. Eine solche Planetenannäherung nennt man astronomisch eine „Konjunktion"[5]. Dieses Naturereignis tritt zwar nicht exakt periodisch, aber dennoch immer wiederkehrend auf[6].

---

5 **Konjunktion** (lat. *coniunctio* = Verbindung; Stellung zweier Gestirne in einer Linie mit der Erde): Wie kommt eine solche Konjunktion zustande? Jupiter und Saturn umkreisen die Sonne außerhalb der Erdbahn, wobei es gelegentlich zur „Opposition" kommt, d. h. die Erde steht zwischen der Sonne und den beiden Planeten. Da die Erde schneller um die Sonne dreht als Jupiter und Saturn, gewinnt ein Beobachter von der Erde aus den Eindruck, als würden die beiden Planeten rückwärts laufen. Sie führen von der Erde aus gesehen Schleifenbewegungen aus.
6 **Jupiter-Saturn-Konjunktionen:** Jupiter und Saturn begegnen sich durchschnittlich etwa alle 20 Jahre in einem einmaligen Vorüberziehen. Alle 258 Jahre kommt es zu einer dreimaligen Begegnung, die aber dann jeweils in einem anderen Tierkreiszeichen stattfindet. Eine dreifache Konjunktion im gleichen Sternbild des Tierkreises ereignet sich etwa alle 794 Jahre (siehe *A. Läpple:* „Die Bibel – heute", S. 156). Auch im vergangenen Jahrhundert gab es eine dreifache Konjunktion von Jupiter und Saturn, und zwar am 15. August und am 11. Oktober 1940 und am 20 Februar 1941 im Sternbild des Widders [*R. Klingholz:* „Marathon im All", Ullstein-Verlag, 1992, S. 64-65]. Eine dreifache Konjunktion von Jupiter und Saturn im Sternbild der Fische gab es auch im Jahre 861 v. Chr. [*Ferrari d'Occhieppo:* „Der Stern von Bethlehem", Franckh-Kosmos Verlag, Stuttgart, 1991, S. 143]. Sonstige dreifache Konjunktionen dieser beiden Planeten gab es in den folgenden Jahren n. Chr.: 337, 411, 452, 709, 967, 1007,1265, 1305, 1425, 1682, 1821, 1940 und 1980. Wegen des präzisen Ablaufs der Himmelsmechanik lassen sich weite Konjunktionen für die Jahre 2238, 2279 und 2655 vorausberechnen.

Kepler war fasziniert von dem, was er sah, und er begann zu rechnen. Er kam zu dem beachtlichen Ergebnis: Im Jahre 7 v. Chr. gab es sogar eine dreimalige Konjunktion von Saturn und Jupiter. Er war der erste, der dieses Phänomen seiner Beobachtung mit dem Stern von Bethlehem in Zusammenhang brachte[7].

Bild 3: *Johannes Kepler (1571-1630) war kaiserlicher Mathematiker und Hofastronom. Er entdeckte die Gesetzmäßigkeiten, nach denen sich Planeten um die Sonne bewegen. Die drei von ihm beschriebenen Planetengesetze werden nach ihm als Keplersche Gesetze benannt* (Urheberrecht: Shutterstock, Vadim Sadovski, Nicku)

Seine Publikationen gerieten lange Zeit in Vergessenheit, aber sie wurden plötzlich hochaktuell, als es dem deutschen Orientalisten *Paul Schnabel* 1925 gelang, eine fast 2000 Jahre alte neubabylonische Keilschrifttafel zu entziffern.

Es handelte sich um den „Sternkalender von Sippar". Das sind Aufzeichnungen eines damals berühmten

---

7 *A. Strobel:* „Der Stern von Bethlehem", Flacius-Verlag, Fürth/Bayern, 1985.

Fachinstituts – der Astrologenschule zu Sippar am Euphrat in Babylonien. Von besonderer Bedeutung waren jene Aufzeichnungen darum, weil sie umgerechnet das Jahr 7 v. Chr. betrafen. Als herausragendes Ereignis ist auch dort die dreimalige Konjunktion von Jupiter und Saturn[8] dokumentiert.

Der Jupiter galt bei vielen Völkern als Glücks- und Königsstern, und nach altjüdischer Auffassung soll Saturn Israel schützen. Das Sternbild der Fische galt als Westland (= ein im Westen liegendes Land). Nun scheint die Deutung des Sterns von Bethlehem zum Greifen nahe:

Die **Weisen aus dem Morgenland** beobachten am 29. Mai 7 v. Chr. die erste Engstellung[9] von Saturn und Jupiter vom Dach der Astrologenschule zu Sippar. Sie kombinieren

Jupiter = Königsstern und
Saturn = Israelbeschützer

und kommen zu dem Ergebnis: Im Westland (= Sternbild der Fische) ist ein mächtiger König geboren. So entschließen sie sich zu einer strapaziösen Reise, um das, was sie astronomisch entdeckt und astrologisch kombiniert haben, mit eigenen Augen zu sehen.

---

8 engl. *saturday*, altenglisch: *saeteres daeg* = Übersetzung des lateinischen Wortes *Saturni dies* = Tag des Saturn. Unser Samstag hat einen anderen Ursprung. Er ist entlehnt aus dem lat. Wort *sabbatun* bzw. dem *sabbaton* (neutestamentliches Griechisch). Dies wiederum stammt von dem hebräischen Wort *sabbat* (= Ruhetag).
9 1. Engstellung: 29. Mai bis 8. Juni 7 v. Chr.
   2. Engstellung: 26. September bis 6. Oktober 7 v. Chr.
   3. Engstellung: 5. bis 15. Dezember 7 v. Chr.

Für diese Deutung des Sterns von Bethlehem haben sich zahlreiche Autoren in eindrucksvollen Darlegungen entschieden (z. B. *Ferrari d'Occhieppo* (Der Stern von Bethlehem), *Werner Keller* (Und die Bibel hat doch recht), *Gerhard Kroll* (Auf den Spuren Jesu), *Lexikon der Astronomie* (Herder-Verlag).

Diese Deutung ist die weithin gängige und wird zur Weihnachtszeit in diversen christlichen Zeitschriften immer wieder und immer wieder publiziert und tausendmal abgeschrieben.

Die Bibel sagt: „Prüft aber alles, und das Gute behaltet" (1. Thessalonischer 5,21). So ist es erlaubt, auch die weithin kolportierte Deutung zu überprüfen.

Bei genauerer Betrachtung aber hält die o.g. Deutung für den Stern von Bethlehem weder dem biblischen Bericht aus Matthäus 2 noch der astronomischen Wirklichkeit stand. Fünf gewichtige Gründe sprechen dagegen, die wir nun nacheinander aufführen.

Schauen wir uns zunächst den Text aus Matthäus 2,9-11 genauer an:

„Und siehe, *der* (= Singular!) Stern[10], den sie im Morgenland gesehen hatten, *ging vor ihnen hin*, bis dass er kam und *stand oben* über, wo das Kindlein war. Da sie den Stern sahen, wurden sie hocherfreut und gingen in das Haus und fanden

---

10 Nach biblischer Redeweise werden alle Gestirne (außer dem Mond und der Sonne) als „Stern" bezeichnet. So gilt z. B. der Planet Venus als Morgenstern (2. Petrus 1,19; Offenbarung 2,28 und 22,16). Aus diesem Grunde lässt sich nicht wie folgt argumentieren: Weil im Bibeltext „Stern" steht, kann es kein Planet gewesen sein.

das Kindlein mit Maria, seiner Mutter, und fielen nieder und beteten es an" (Matthäus 2,9-11).

Erstes Gegenargument

Gegen die Identität der astronomisch belegbaren Planetenkonjunktion im Jahre 7 v. Chr. mit dem Stern von Bethlehem spricht zunächst der Text selbst, der im Singular, also nur von *einem* einzigen Stern spricht. Jupiter und Saturn hatten, wie mit Computern nachgerechnet werden konnte, am 1. Juni, 27. September und 10. Dezember 7. v. Chr. tatsächlich eine Annäherung, aber es war auch nur eine Annäherung und keine Begegnung. In der größten Nahstellung betrug der **Winkelabstand** immerhin noch ein **volles Grad** (siehe *Bild 5*). Beide Gestirne waren also auch mit bloßem Auge noch sehr deutlich voneinander zu unterscheiden.

Was ein Grad Winkelabstand bedeutet, können wir uns leicht veranschaulichen. Betrachtet man den **Vollmond** von der Erde aus, so erscheint er uns unter einem Winkel von 32' (= 32 Bogenminuten) – also ungefähr unter **einem halben Grad**. In der größten Annäherung erschienen Saturn und Jupiter also so weit auseinander wie zwei Vollmond-Durchmesser! Auch bei großzügiger Betrachtung kann man hier **nicht** mehr von **einem** Stern reden. Der Astronom *K.-F. Hoffmann* [siehe Fußnote 4] wies darauf hin, dass vielfach bei Simulationen in Planetarien der Augenblick der Konjunktion bewusst optisch unscharf gemacht würde, damit die Zuschauer den Eindruck haben sollten, als wären beide Gestirne zu einem verschmolzen.

Zweites Gegenargument

Ein weiterer gewichtiger Grund, die **Planetenkonjunktion** nicht mit dem Stern von Bethlehem in Verbindung bringen zu dürfen, ist die Tatsache, dass diese astronomischen Ereignisse **wiederkehrend** sind. Die **Geburt Jesu** aber ist ein historisch **einmaliges Ereignis**, das sich nie wiederholen wird. So können wir ausschließen, dass Gott für das einmalige und bedeutende Ereignis der Geburt seines Sohnes ein Zeichen verwendet, das immer wieder am Himmel beobachtet werden kann.

Es gilt auch zu bedenken, dass es im Jahre 7 vor Chr. **drei** Konjunktionen gab. Die Geburt Jesu ist aber ein **einmaliges** Ereignis!

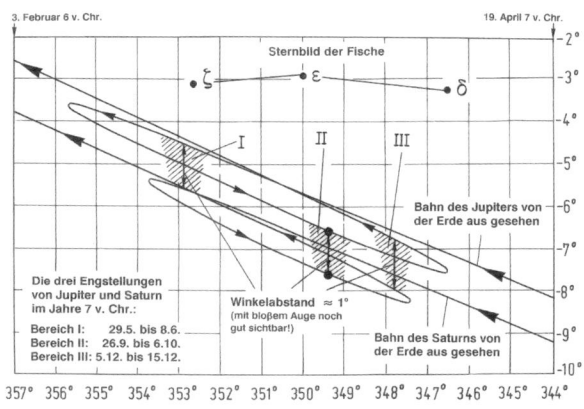

Bild 4: *Von der Erde aus gesehen führen die Bahnen von Jupiter und Saturn Schleifenbewegungen aus. Bei der dreifachen Konjunktion von Jupiter und Saturn im Jahre 7 v. Chr. betrug selbst in den drei Zeiten der Annäherung (I, II und III) der Abstand ein Grad, und das sind zwei Vollmonddurchmesser.*

Drittes Gegenargument

Auch die Dauer der Konjunktionen spricht dagegen:

29.05. bis 08.06. = 11 Tage
26.09. bis 06.10. = 11 Tage
05.12. bis 15.12. = 11 Tage

Die Reisedauer von etwa 60 Tagen passt nicht zur Konjunktionsdauer – auch dann nicht, wenn man die Gesamtzeit vom 29.05. bis zum 15.12. rechnet, und das wären 201 Tage.

Viertes Gegenargument

Und nun kommen wir zum Hauptgrund, warum Kometen, Supernovae und Planetenkonjuktionen aller Art prinzipiell als Stern von Bethlehem ausscheiden: Alle Gestirne (Sonne, Mond, Planeten, Kometen, Novae) gehen im Osten auf und gehen im Westen unter! Die Drehbewegung der Erde in 24 Stunden um die eigene Achse lässt uns das gesamte Himmelsgewölbe in ständiger scheinbarer Bewegung erscheinen (*Bild 6*). Kein astronomisches Gestirn wäre als Reisezeichen für die Weisen geeignet, um sie mehrere Wochen lang tagaus, tagein in westlicher Richtung zu führen, dann unsichtbar zu werden und später über einem speziellen Haus zu scheinen (siehe Kapitel 4).

Bild 5: *Die Erde dreht sich in 24 Stunden einmal um ihre Polachse – das ist die gedachte Linie, die vom Nordpol zum Südpol reicht. Ihre Drehrichtung ist von West nach Ost gerichtet (siehe Richtung des Pfeils). Da das Himmelsgewölbe feststeht, haben wir als Beobachter auf der Erde den (scheinbaren!) Eindruck, als würde sich das gesamte Himmelsgewölbe in entgegengesetzter Richtung – also von Ost nach West drehen. Anders ausgedrückt: Alle Gestirne gehen im Osten auf und im Westen unter.*

(Urheberrecht: Shutterstock, adike, Rueangrit Srisuk, mejnak)

1.6 Was aber war der Stern von Bethlehem tatsächlich?

Die Richtungsangabe des Sterns führte die Weisen zunächst wochenlang nach Jerusalem. Offenbar hatte Gott ihnen zu diesem Zeitpunkt den genauen **Zielort noch verborgen**. Erst nach der von *Herodes* einberufenen **Konferenz** lautete das von den Hohepriestern und Schriftgelehrten gefundene biblische Ergebnis: **Bethlehem!**

Erst als die Weisen von *Herodes* den Befehl zum Weiterzug nach Bethlehem erhalten hatten und schon einzelne Häuser des Ortes erkennbar waren, wurde der Stern zu einem **höchst präzisen und individuellen Kompass.** Derselbe Stern, den sie schon im Morgenland gesehen hatten und der ihnen wochenlang die westlich gerichtete Reiseroute markierte, ermöglichte nun sogar die Wegweisung in ein **genau definiertes Haus**. Der Stern leitete sie so präzise, dass sie noch nicht einmal nach der Straße oder der Hausnummer fragen mussten.

Hatten die Weisen während ihrer wochenlangen Reise den Eindruck, als *ginge der Stern vor ihnen her* (V 9), so blieb er *jetzt fest stehen*, und zwar unverwechselbar und exakt „oben über, wo das Kindlein war" (V 9b). **Am Ziel angelangt**, verhielt sich der Stern – astronomisch ausgedrückt – wie ein **Satellit**, der sich synchron zur Erdbewegung bewegt, denn nur dann erscheint er für einen Beobachter auf der Erde als **ortsfest**.

Alle bekannten astronomischen Objekte (Fixsterne, Planeten, Kometen, Supernovae) führen einen (scheinbaren) Lauf am Himmelsgewölbe aus, d. h. sie sind allesamt ungeeignet, eine bleibende Richtung anzugeben (d. h. den Reiseweg) **oder** eine ortsfeste Position auf der Erde zu markieren (hier: das Geburtshaus Jesu in Bethlehem).

> **Somit scheiden alle astronomisch bekannten Gebilde oder Konfigurationen als Stern von Bethlehem aus!**

Da wir durch Ausschluss alle astronomischen Gebilde als ungeeignet erkannt haben, bleibt nun nur noch eine einzige Lösung übrig:

> **Der Stern von Bethlehem war ein speziell von Gott neu geschaffenes Reisezeichen, das dem einmaligen Zweck diente, die Weisen zu dem neugeborenen Retter zu führen.**

Warum trauen wir weithin Gott dieses Wunder nicht zu, obwohl es in Lukas 1,37 heißt: „Bei Gott ist kein Ding unmöglich!"?

Wenn Gott bei der Schöpfung 10^{25} Sterne geschaffen hat, dann wird er zur Ankündigung des Kommens seines Sohnes noch **einen** Stern hinzuschaffen können, der allerdings völlig andere Eigenschaften haben muss als die sonstigen Gestirne:

- Er muss am Tage und auch in der Nacht leuchten und unverwechselbar hell sein.
- Er darf keine Relativbewegung bezüglich der Erde ausführen.
- Er muss ein- und ausschaltbar sein.

In Prediger 3,15 lesen wir einen bemerkenswerten Vers: „Was geschieht, das ist schon längst geschehen, und was sein wird, ist auch schon längst gewesen; und Gott holt wieder hervor, was vergangen ist."

So wollen wir in diesem Sinne prüfen, ob Gott schon einmal etwas Ähnliches getan hat. In der Tat: Im Alten Testament gibt es einen analogen Fall der **göttlichen Markierung einer Reiseroute**, nämlich der Auszug des Volkes Israel aus Ägypten. Auch hier hatte Gott eine ausschließlich zur Beschreibung des Reiseweges dienende **Feuersäule** (und eine **Wolke**) geschaffen und ihre Position entsprechend der Wandergeschwindigkeit und dem von ihm vorgegebenen Kurs angepasst:

„Und der Herr zog vor ihnen her, am Tage in einer Wolkensäule, um sie den rechten Weg zu führen, und bei Nacht in einer Feuersäule, um ihnen zu leuchten, damit sie Tag und Nacht wandern konnten. Niemals wich die Wolkensäule von dem Volk bei Tage noch die Feuersäule bei Nacht" (2. Mose 13,21-22).

1.7 Wer waren die Weisen aus dem Morgenland?

Eine wichtige Frage bewegt uns noch bezüglich des Berichtes in Matthäus 2. Was waren das für Leute, die eine so strapaziöse Reise auf sich nahmen? Der biblische Text selbst gibt uns nur sehr spärliche Informationen darüber – letztlich nur drei Aussagen:

- Es waren Männer (weder ihre Zahl noch ihre Namen noch ihr Alter werden genannt; auch ihr Herkunftsland und ihre Nationalität bleiben unerwähnt).
- Sie kamen aus dem Morgenland, also von Osten her (wahrscheinlich aus Babylon).

- Sie werden als „magoi" bezeichnet.

Wollen wir mehr über sie erfahren, so gilt es, eine Reihe von Schlussfolgerungen durchzuführen. Dabei wollen wir geschichtliches und biblisches Hintergrundwissen heranziehen.

Bezüglich ihrer Identität sind zwei Varianten möglich:

1.7.1 Die Männer waren Gelehrte aus Babylon

Die Weisen aus dem Morgenland waren nach dieser Annahme Babylonier, die vermutlich zur Berufsklasse der Magier (griech. *magoi*) gehörten. Diese Angehörigen eines vornehmen Priester- und Gelehrtenstandes befassten sich mit heidnischer Theologie, mit Staatskunde, mit Wirtschaftswissenschaft, mit Naturwissenschaft im Allgemeinen, aber insbesondere mit Sternkunde. Sie wurden als Ratgeber des Königs herangezogen.

Bis zur Zeit *Leonardo da Vincis* (1452-1519) konnte ein genialer Universalwissenschaftler noch in einer einzigen Person das Gesamtwissen seiner Zeit vereinen. *Leonardo da Vinci* war solch eine Person: Er war Maler, Bildhauer, Künstler, Naturwissenschaftler, Mediziner, Techniker und Erfinder. Wie viel mehr war das noch um die Zeit der Geburt Jesu möglich. So kann angenommen werden, diese Leute aus Babylon waren solche Universalgelehrte.

Die Übersetzung des griechischen Wortes *„magoi"* mit *„Weise"* hat darum bei *Luther* eher seine Berechtigung als die heutige Bedeutung von Magiern, die sich ausschließlich mit Zauberei und okkulten Praktiken beschäftigen. Die Verhaltensweise der im Text genannten Männer erlaubt es uns schwerlich, sie mit jenen Zauberern und Wahrsagern gleichzusetzen, die in die Gräuel der Astrologie (5. Mose 18,11-12) verstrickt waren.

Sie betrieben offenbar nicht den sonst in Babylon gängigen Gestirnkult, wonach die Gestirne verehrt wurden. Diese Männer wussten um den nur zeichenhaften Charakter des Sterns (vgl. 1. Mose 1,14) und wollten den anbeten, auf den der Stern verwies.

Heute noch wird am 6. Januar, dem *„Dreikönigstag"* oder dem Tag der *„Heiligen Drei Könige",* an dieses Ereignis erinnert. Es sei in diesem Zusammenhang darauf hingewiesen, dass die Bibel uns weder sagt,

- dass es *drei* Personen waren,
- noch dass es sich um *Könige* handelte.
- Dies sind ebenso freie Erfindungen der Kirche des 5. Jahrhunderts wie die des 8. Jahrhunderts, als jene Männer plötzlich auch noch die fiktiven Namen *Kaspar, Melchior* und *Balthasar* erhielten.

Ich halte die nun folgende zweite Variante für die deutlich wahrscheinlichere:

1.7.2 Die Männer waren zurückgebliebene Juden

Daniel und einige andere Israeliten wurden 605 v. Chr. von *Nebukadnezar* nach Babylon abgeführt. Er besaß hervorragende Fachkenntnisse und war als

Prophet des lebendigen Gottes in der Lage, die Träume *Nebukadnezars* zu deuten. Das verschaffte ihm Ansehen, und der König berief ihn darum in hohe Regierungsämter. Auch etliche Nachkommen jener Israeliten, die bei der allgemeinen Rückkehr der Israeliten aus dem **babylonischen Exil** (587-538 v. Chr.) im Land geblieben waren, waren am Hofe des Königs sehr geschätzt. Diese Männer waren versierte Kenner in den verschiedenen Wissenschaften und darum als Ratgeber des jeweiligen Königs sehr gefragt. Als Juden kannten sie die biblischen Schriften des Alten Testaments und wussten um den lebendigen Gott. Weil sie ihre Dienste unter den Segen Gottes stellten, gelang ihre Arbeit. Die in unserem Bibeltext (Matthäus 2,1-12) geschilderten Männer waren mit großer Wahrscheinlichkeit solche gläubige Juden. So offenbarte sich Gott diesen Männern und teilte ihnen die Geburt des „Königs der Juden" (Messias) mit. Nur durch diese Motivation Gottes wird es verständlich, dass sie eine so weite und nicht unbeschwerliche Reise auf sich nahmen.

Der Bibeltext sagt es nicht explizit, aber durch Schlussfolgerung sind folgende Punkte doch sehr naheliegend:

- Sie kamen, um den neugeborenen König anzubeten (Vers 2). Warum sollten sie ein Baby anbeten wollen, das irgendwann einmal König eines kleinen unbedeutenden Landes werden könnte? Selbst wenn es ein triumphaler König eines mächtigen Volkes gewesen wäre, hätten sie sich nicht für ihn auf den Weg gemacht. Den Anstoß zu der Reise muss also Gott den Weisen gegeben haben. Nur das bringt eine so hohe Motivation.

- Aus den Versen 3 und 4 (von Mt 2) erfahren wir, dass *Herodes* alle Hohenpriester und Schriftgelehrten (= der Hohe Rat) versammelte, um zu erforschen, „*wo* der Christus geboren werden sollte." *Herodes* war kein Jude, sondern ein Idumäer, der von den Römern eingesetzt war. Warum lässt *Herodes* den Geburtsort des **Christus** erforschen und nicht den eines **Judenkönigs**? Die Information, dass dieser neugeborene König und der Christus (hebr. *Messias*) ein und dieselbe Person ist, konnte er offenbar nur von den Weisen aus dem Morgenland erhalten haben. Woher aber hatten die weit gereisten Männer diese tiefgründige Erkenntnis? **Dies kann ihnen nur Gott selbst offenbart haben**, denn es waren gläubige Juden.

- Nachdem Gott ihnen offenbart hatte, dass der durch die Propheten immer und immer wieder angekündigte Messias gekommen ist, war ihnen kein Weg zu weit und keine Reisestrapaze zu groß, um dorthin zu gelangen und ihn anzubeten. Sie wussten, dass der Messias Gott ist, und darum wollten sie ihn nicht nur in Augenschein nehmen, sondern ihn anbeten. Weil sich Heiden und auch heidnische Wissenschaftler nie und nimmer auf den Weg gemacht hätten, um den Christus anzubeten, haben wir ein weiteres Indiz dafür, dass die Weisen gläubige Juden waren, die Gott kannten.

- Dass die Weisen Gott kannten, wird auch daran deutlich, dass Gott mit ihnen im Gespräch war (Matthäus 2,12).

Weitere Literatur:

Werner Gitt: „Der Stern von Bethlehem" (S. 113-122) in: „Signale aus dem All – Wozu gibt es Sterne?", Christliche Literaturverbreitung Bielefeld, 5. Auflage 2007, 222 S.

Kapitel 2

Fragen im Zusammenhang mit dem Stern von Bethlehem

2.1 Warum lässt Gott einige Ausländer anreisen, die so viel Aufruhr verursachen?

Der Text aus Matthäus 2,1-12 gibt uns darüber keine direkte Auskunft, dennoch können wir aus dem Gesamtzeugnis der Schrift mühelos zwei Antworten erschließen:

a) Verheißungen auf den Messias hin: Zu alttestamentlicher Zeit schickte Gott über Jahrhunderte hinweg immer wieder neue Propheten nach Israel. Mit einer großen Anzahl von Verheißungen, die nicht abzureißen schienen, versah Gott den kommenden Messias mit ständig neuen Namen, die sein Wesen charakterisieren:

- Same des Weibes (1. Mose 3,15)
- Stern aus Jakob (4. Mose 24,17)
- Heiland (Jesaja 43,11)
- Ewigvater (Jesaja 9,5)
- Wunder-Rat (Jesaja 9,5)
- Friedefürst (Jesaja 9,5)
- Gott-Held (Jesaja 9,5)
- Licht der Heiden (Jesaja 49,6b)
- Immanuel (Jesaja 7,14)
- Spross Davids (Jeremia 23,5)
- Herr der Gerechtigkeit (Jeremia 23,6
- König der Ewigkeit (Daniel 7,14)
- Sonne der Gerechtigkeit (Maleachi 3,20).

Sich darauf beziehend, kann Jesus in Johannes 5,39 sagen: **„Die Schrift ist es, die von mir zeugt."**

b) Der Messias ist da: Nun ist es endlich soweit! Die **Zeit** ist **erfüllt** (Galater 4,4), der Messias ist geboren. Was möchte Gott lieber, als dass dies in seinem Volk allgemein bekannt wird.

Gott tut etwas ganz Außergewöhnliches: Er informiert einige Männer in einem fernen Land über die Geburt des Christus und schafft einen speziellen Stern mit auffallend hellem Licht, der zeichenhaft für diese Botschaft steht. Er weckt in diesen Männern das starke Verlangen, eine wochen- oder monatelange Reise mit vielen Gefahren und Strapazen auf sich zu nehmen, um Jesus zu suchen und ihn als König zu ehren. Sie kommen mit diesem Anliegen bis zu *Herodes.* Allein dadurch, dass es sich um angesehene Ausländer handelt, ist ihre Glaubwürdigkeit bei *Herodes* völlig unbestritten. Sie erlangten darum auch sehr einfach Zugang zum Königshof – und der König nahm sie sehr gastfreundlich auf und unterhielt sich mit ihnen. Wenn jemand aus dem Volk Israel zu *Herodes* gegangen wäre, um zu berichten, dass ein neuer König geboren würde, wäre das vermutlich nicht so einfach gegangen.

Über die Nachricht des neuen Königs erschrickt *Herodes* und beruft sogleich alle Hohenpriester und Schriftgelehrten zu einem Kongress ein.

Durch den von Gott derart gelenkten Reiseablauf erfahren nun alle geistlichen Führer des Volkes, dass sich die Zeit des kommenden Messias gerade jetzt erfüllt.

- Das *„Wo"* war ihnen aus Micha 5,1 (vgl. Matthäus 2,4-6) bekannt;
- von den Männern aus dem Osten erfahren sie nun, dass das bis dahin unbekannte *„Wann"* zum *„Jetzt"* geworden ist.

Was hat Gott nun von den Hohenpriestern und Schriftgelehrten erwartet? Sie hätten mit diesem aktuellen Kenntnisstand nun ebenso wie die Weisen direkt nach Bethlehem gehen können, um sich von ihrem selbst gefundenen Studienergebnis zu überzeugen: Der Christus kommt in Bethlehem zur Welt! Sie hätten ihren Retter anbeten können. Und daraufhin die Heilsbotschaft in einer breit angelegten Verkündigungskampagne im Tempel und in allen Synagogen dem gesamten Volke ebenso unbedingt mitteilen sollen. So aber verpassten sie die Gelegenheit für sich selbst und machten sich obendrein noch schuldig, indem sie diese wichtige Heilsbotschaft dem Volke vorenthielten. In Matthäus 23,13b ist berichtet, wie Jesus ihnen später bescheinigt, dass sie verlorene Leute sind:

„Ihr gehet nicht in das Himmelreich hinein, und die hinein wollen, lasset ihr nicht hineingehen."

Was ist die Konsequenz für uns? Gott treibt einen riesigen Aufwand, um auf jeden Fall die Möglichkeit zu bieten, dass alle Menschen in ganz Israel erfahren können: „Der verheißene Retter ist da."

Die wenigen Weisen waren die einzigen, die den Retter aufsuchten, um ihn anzubeten (wörtlich „huldigen", was das griechische Wort *„proskyneo"* beschreibt = unterwürfig grüßen durch Niederfallen mit dem Angesicht zur Erde).

So wollen wir es den Weisen gleich tun und uns auch zu Jesus auf den Weg machen. Lassen wir uns auch in unserer Zeit, in der nur noch wenige Menschen nach dem Retter fragen, durch nichts abhalten, zu ihm zu kommen. Denn von Jesus hängt alles ab:

„Wer an den Sohn glaubt, der hat das ewige Leben. Wer aber dem Sohn nicht gehorsam ist, der wird das Leben nicht sehen, sondern der Zorn Gottes bleibt über ihm" (Johannes 3,36).

2.2 Wer nennt Jesus „König der Juden"?

Es ist auffallend, dass die Bezeichnung **„König der Juden"**[11] im Neuen Testament nur noch in einem einzigen anderen Zusammenhang auftritt, nämlich bei der Kreuzigung:
Pilatus fragte Jesus bei seinem Verhör (Matthäus 27,11; Markus 15,2; Lukas 23,3; Johannes 18,33):

„Bist du der Juden König?"

---

11 Die ähnliche Formulierung „König von Israel" kommt zweimal im Neuen Testament vor. Nathanael sagt zu Jesus: „Rabbi, du bist Gottes Sohn, du bist der König von Israel!" (Johannes 1,49). Und in Johannes 12,23 jubelt das Volk Jesus zu: „Hosianna! Gelobt sei, der da kommt in dem Namen des Herrn, der König von Israel!"

Und Pilatus fragte das Volk in gleicher Weise, ob er den **„König der Juden"** freilassen solle (Markus 15,9; Johannes 18,39). Die Kriegsknechte verspotteten ihn mit demselben Titel (Matthäus 27,29; Markus 15,18; Johannes 19,3), und als Kreuzesinschrift ließ Pilatus in den drei Sprachen Hebräisch, Griechisch und Lateinisch schreiben (Johannes 19,19; vgl. Matthäus 27,37; Markus 15,26; Lukas 23,38):

„Jesus von Nazareth, der König der Juden"

Jesus ist der ewige „Herr aller Herren und der König aller Könige" (Offenbarung 17,14 und 19,16), sein irdisches Leben zwischen Geburt und Tod wird eingerahmt durch den Titel *„König der Juden"*, zu dem sich Jesus vor Pilatus kurz und prägnant bekennt (Johannes 18,37):

„Du sagst es!"

In den neutestamentlichen Texten fällt also auf, dass dieser Titel **nur von Ausländern** verwendet wird, nämlich von den Weisen aus dem Morgenland, dem römischen Prokurator Pilatus und den römischen Kriegsknechten.

Nie wird der Titel **König der Juden** von Juden verwendet, aber Jesus selbst bekennt sich dazu. Er ist aber nicht nur der König der Juden; er ist der König aller Könige! Er ist der **ewige König!**

Während eines Schwedenbesuchs sah ich über dem eisernen Eingangstor zur Deutschen Kirche in Stockholm folgende vergoldete Metallbuchstaben mit dem Schriftzug:

„Fürchtet Gott. Ehret den König!"

Mit dieser Inschrift war einst der weltliche König gemeint. Derselbe Text passt aber auch auf den in unserem Bibeltext genannten König der Juden, denn er ist **„der Herr aller Herren und der König aller Könige"** (1. Timotheus 6,15; Offenbarung 17,14 und 19,16).

2.3 Bethlehem – klein oder groß?

Damit es keine Missverständnisse gibt, möchte ich auf die Frage eingehen, wie groß Bethlehem war. In Matthäus 2,6 wird Bethlehem als eine *nicht kleine Stadt* bezeichnet:

> **„Und du, Bethlehem im jüdischen Lande, bist *keineswegs die kleinste* unter den Städten in Juda; denn aus dir wird kommen der Fürst, der über mein Volk Israel weiden soll"** (Matthäus 2,6 als Beleg aus Micha 5,1).

In Micha 5,1 dagegen wird Bethlehem als eine *kleine Stadt* bezeichnet:

> **„Und du, Bethlehem Efrata, *die du klein bist* unter den Städten in Juda, aus dir soll mir der kommen, der in Israel Herr sei."**

Hat Matthäus hier falsch zitiert, oder hatte er eine falsche Erkenntnis? Bibelkritiker würden hieraus schnell einen Einwand konstruieren.

Das Gegenteil ist der Fall, wie wir es uns an einem anderen historischen Beispiel verdeutlichen können.

Südlich von Brüssel befindet sich ein Ort namens **Waterloo**. Anfang des 19. Jahrhunderts war Waterloo ein unbekanntes und unbedeutendes Dorf. Das änderte sich schlagartig am 18. Juni 1815. Dort wurde *Napoleons* Armee durch die Truppen des englischen Generals *Wellington* und die mit ihnen verbündeten Preußen unter Generalfeldmarschall *Blücher* besiegt. Seitdem ist Waterloo in jedem Geschichtsbuch und Lexikon zu finden. Manche Städte haben Waterloo-Säulen (z. B. Hannover) oder Denkmäler, die an jenen Sieg über *Napoleon* erinnern.

Im Alten Testament wird Bethlehem erstmalig erwähnt, weil Rahel – die Frau Jakobs – dort begraben liegt (1 Mo 35,19). Später wird Bethlehem als Vaterstadt Davids genannt (1 Sam 16,1). Nach der Heimkehr aus der babylonischen Gefangenschaft wohnen dort nach Esra 2,21 genau 123 Leute; es war also ein sehr kleines Dorf. Auch zur Zeit Michas – also etwa 700 Jahre vor der Geburt Jesu – war Bethlehem immer noch ein kleines Dorf. Darum steht in Micha 5,1: „die du klein bist." Mit der Erfüllung der Prophetie aber hat Bethlehem eine zentrale Bedeutung gewonnen.

Seitdem der Sohn Gottes dort geboren wurde, ist Bethlehem demzufolge „mitnichten die kleinste (=

unbedeutendste) unter den Städten in Juda" (Mt 2,6). Die meisten Menschen unserer Zeit – unabhängig von ihrer Nationalität oder ihrer Konfession – wissen um diesen Ort.

Kleine Anmerkung: Mein Geburtsort Raineck in Ostpreußen hatte im Jahre 1939 genau 133 Einwohner[12], er war also noch um zehn Einwohner größer als das damalige Bethlehem.

2.4 Haben alle Leute den Stern von Bethlehem gesehen?

a) Es kann sein: Die *Feuersäule* in der Wüste haben sicher auch alle anderen Wüstenbewohner gesehen, das hatte aber für sie keinerlei Bedeutung. Sie kannten die zeichenhafte Zuordnung nicht. Es könnte durchaus sein, dass alle Leute den Stern von Bethlehem gesehen haben. Für diese Variante spricht auch die Tatsache, dass die Weisen in Jerusalem nach dem König der Juden suchten mit der Begründung: „Wir haben seinen Stern gesehen." Es wird nicht berichtet, dass die Leute darauf sagten: „Was für einen Stern meint ihr? Wir sehen keinen besonderen Stern."

b) Es kann auch nicht sein: Dafür gibt es mehrere biblische Beispiele. Es gibt Situationen, die nur von den beteiligten Personen gesehen und wahrgenommen wurden, für die es gedacht war:

---

12 Aus: *Georg Hermanowski:* Ostpreußen – Wegweiser durch ein unvergessenes Land, Bechtermünz-Verlag, S. 317.

- Als Stephanus gesteinigt wurde, sah nur er ganz allein den Himmel offen.
- Das Sprachwunder von Pfingsten wurde von manchen Leuten falsch verstanden, denn sie meinten, die Jünger seien betrunken.

Eine weitere Frage: Wie lange schien der Stern? War er nur im Morgenland zu sehen oder während der gesamten Reiseroute? Vielleicht sahen die Weisen den Stern bis sie kurz vor Jerusalem standen und sie die Silhouette der Stadt schon sehen konnten?

Antwort: Im nächsten Kapitel wird in der ausführlichen Schilderung der Reise der Weisen die wahrscheinlichste Verhaltensweise des Sterns beschrieben, wie sie aus dem Bibeltext gefolgert werden kann.

2.5 Warum machten sich die Schriftgelehrten nicht auf den Weg nach Bethlehem?

Die Juden hatten im Laufe der Jahrhunderte so viele alttestamentliche Verheißungen auf den kommenden Messias erhalten, dass dies ein lebendiger Gedanke im Volk blieb. Nun geschah das außergewöhnliche Ereignis: Ernstzunehmende Gelehrte waren angereist und berichteten, der Stern, der die Geburt des Messias ankündigt, sei erschienen. Auf der von *Herodes* eiligst einberufenen Konferenz fanden die Schriftgelehrten und Pharisäer im Nu heraus, dass nur Bethlehem als Geburtsort infrage kommt.

Nun wäre es das Normalste der Welt gewesen, die wenigen Kilometer bis Bethlehem zu gehen und sich von der Geburt des Messias zu überzeugen. Aber dieses auf der Hand liegende tun sie überhaupt nicht. Das ist wirklich merkwürdig!

Die Bibel berichtet uns nicht den Grund dieses unverständlichen Nichthandelns. So müssen wir uns auf die Suche machen, die Gründe zu erschließen. Es wird uns dabei hilfreich sein, wenn wir das Wesen der Schriftgelehrten und Pharisäer aus der Wirkungszeit Jesu näher betrachten. Darüber erfahren wir sehr viel. Nur einiges greifen wir hier heraus:

Sie waren verschlagen und hinterhältig: „Da gingen die Pharisäer hin und hielten Rat, wie sie ihn in seinen Worten fangen könnten" (Matthäus 22,15). Ihre Fangfrage lautete, ob man dem Kaiser Steuern zahle solle oder nicht.

Sie gingen unbarmherzig und machtvoll mit dem Volk um: „Sie binden schwere und unerträgliche Bürden und legen sie den Menschen auf die Schultern; aber sie selbst wollen keinen Finger krümmen" (Matthäus 23,4).

Sie wollten hochgeachtet sein und waren überheblich: „Sie sitzen gerne obenan bei Tisch und in den Synagogen und haben's gern, dass sie auf dem Markt gegrüßt werden und von den Leuten Rabbi genannt werden" (Matthäus 23,6).

Sie waren überspitzt gesetzlich: „… die ihr den Zehnten gebt von Minze, Dill, Kümmel und lasst das

Wichtigste im Gesetz beiseite, nämlich das Recht, die Barmherzigkeit und den Glauben" (Mt 23,23). Als Jesus am Sabbat einen Mann mit einer verdorrten Hand heilte, hielten sie daraufhin Rat, wie sie ihn umbrächten (Matthäus 12,12-14).

Sie waren in ihrem Verhalten heuchlerisch: Jesus klagt sie darum an: „Weh euch, Schriftgelehrten und Pharisäer, ihr Heuchler, die ihr seid wie die übertünchten Gräber, die von außen hübsch aussehen, aber innen sind sie voller Totengebeine und Unrat" (Matthäus 23,27).

Später bei der Kreuzigung Jesu spotteten die Hohenpriester, Schriftgelehrten und Älteste mit den Worten: „Er hat Gott vertraut; der erlöse ihn nun, wenn er Gefallen an ihm hat; denn er hat gesagt: Ich bin Gottes Sohn" (Matthäus 27,43).

Sie wussten also: „Er hat Gott vertraut." Sie beobachteten, dass Gott Jesus nicht vom Kreuz herunterholt (erlöst) und ziehen daraus zwei falsche Schlüsse:

- Gott kann keinen Gefallen an ihm haben.
- Er ist nicht Gottes Sohn.

Weiterhin spotteten die Oberen bei der Kreuzigung:

„Er hat anderen geholfen; er helfe sich selber, ist er der Christus, der Auserwählte Gottes" (Lukas 23,35). Sie haben das Wissen: „Er hat anderen geholfen." Auch daraus ziehen sie jetzt nicht den richtigen Schluss, nämlich, dass er auch jetzt anderen hilft. Es ist sogar die allergrößte Hilfe, die er hier vollbringt

– er rettet unzählige Menschen vor der ewigen Verlorenheit.

Hinreichend beschreibt uns das Neue Testament, wie die Schriftgelehrten und Pharisäer den Glauben an Jahwe in eine gnadenlose und erstarrte Gesetzesreligion umgewandelt hatten und wie sie das barmherzige Handeln Jesu mit Füßen traten. Extrapoliert man das Verhalten der religiösen Führer des Volkes in die Zeit der Geburt Jesu, so dürfte es zu der Zeit kaum anders gewesen sein. In der Tat berichtet uns Matthäus 2,3, dass nicht nur *Herodes* über die Geburt des neugeborenen Königs der Juden erschrak, sondern „mit ihm ganz Jerusalem." Die religiösen Führer schlussfolgerten ganz richtig, wenn der Messias wirklich kommt, dann werden sie in ihrer Heuchelei und Verderbnis erkannt werden. Und daran waren sie nun wirklich nicht interessiert. So dürfte dies der Grund dafür gewesen sein, dass sie selbst nicht nach Bethlehem aufgebrochen sind und es dem Volk verschwiegen haben.

2.6 Zu welchem Zeitpunkt kamen die Weisen?

Unsere Zeitrechnung geht auf den Mönch *Dionysius Exiguus* (470 - 540) zurück, der im Auftrag des Papstes einen genauen Kalender erstellen sollte. Er legte im Jahre 525 n. Chr. den Zeitpunkt der Geburt Jesu Christi fest, der nach seinen Berechnungen 524 Jahre nach der Gründung Roms gewesen sein soll. Es ist nicht überliefert, worauf seine Berechnung beruht.

Eine Zahl Null sah er nicht vor, denn diese Zahl war zu seiner Zeit im Westen noch unbekannt. So endete nach seinem Kalender das Jahr 1 v. Chr. korrekt am 31. Dezember, aber der direkt darauf folgende Tag war dann schon der 1. Januar 1 n. Chr. So etwas passiert, wenn man nicht die Zahl Null kennt. Diese kam erst viel später zu uns, nämlich durch den Mathematiker *Leonardo Fibonacci* (um 1189-1241). Die Entdeckung der Null war ein besonderer Meilenstein in der Geschichte der Mathematik.[13]

Wir datieren heute nach dem weltweit verbreiteten Gregorianischen Kalender, der 1582 durch Papst *Gregor XIII*. eingeführt wurde. Dieser löste den bis dahin gültigen Julianischen Kalender ab.

Je nach Rechenweise kommt man auf unterschiedliche Geburtsjahre Jesu:

1. Der um das Jahr 100 n. Chr. schreibende jüdische Historiker *Flavius Josephus* legt den Tod des *Herodes* in das 750. Jahr nach der Gründung Roms, d. h. 4 v. Chr. Da Maria und Joseph mit dem Jesuskind für zwei Jahre (?) nach Ägypten flohen und erst

---

13 Neben den Sumerern, deren Wissen über die Null verloren ging, wurde diese Zahl im Laufe der Menschheitsgeschichte noch dreimal entdeckt – von den Babyloniern, den Mayas und den Indern. Die mathematischen Systeme der Babylonier und Majas konnten sich nicht über ihre eigenen Kulturen hinaus verbreiten. Letztendlich setzte sich das Zahlensystem der Inder weltweit durch. Sie entwickelten aus dem Abakus, einem Rechenschieber mit je neun Steinen für die Einer-, Zehner-, Hunderter-, Tausender-, das heutige gängige Dezimalsystem. Insbesondere durch Widerstände der katholischen Kirche dauerte es eine Weile, bis sich die Null in Europa durchgesetzt hatte. *Leonardo von Pisa* (auch *Fibonacci* genannt) befasste sich bereits zu Anfang des 13. Jahrhunderts mit der Null in seinem Werk „Liber abaci".

nach dem Tod des *Herodes* nach Nazareth in Galiläa (Matthäus 2,19-22) zurückkehrten, kann nach dieser Rechnung davon ausgegangen werden, dass Jesus in der Zeitspanne 4-7 v. Chr. geboren wurde.

2. Im Lukasevangelium gibt es zwei Angaben[14], die sich zur Datierung der Taufe Jesu eignen. Jesus wurde im 15. Regierungsjahr des Kaisers *Tiberias*[15] – also Regierungsantritt 14 n. Chr. + 15 Regierungsjahre = 29 n. Chr. – von Johannes dem Täufer im Jordan getauft und war zu der Zeit etwa 30 Jahre alt. Jesus wäre demnach im Jahre 1 v. Chr. geboren.

Eine genaue Ermittlung des Geburtsjahres Jesu scheitert an der notwendigen Präzision der säkularen Zeitangaben.

2.7 Was können wir aus dem Text lernen?

Aus dem Text über die Weisen aus Matthäus 2,1-12 können wir mancherlei Aspekte bezüglich des Umgangs mit der Bibel und auch bezüglich der Heilsgeschichte lernen:

1. Textgenauer Umgang mit der Bibel: Biblische Texte geben uns mancherlei Fragen auf. Um die Zusammenhänge der Handlung und der Personen zu

---

14 Angabe 1 in Lukas 3,1: „Im 15. Jahr der Herrschaft des Kaisers *Tiberias, als Pontius Pilatus* Statthalter in Judäa war …, da geschah das Wort Gottes zu Johannes, dem Sohn des Zacharias in der Wüste."
Angabe 2 in Lukas 3,23: „Und Jesus war, als er auftrat, etwa 30 Jahre alt."
15 Nach dem Tod des Kaisers *Augustus* im Jahre 14 n. Chr. trat *Tiberias* die Nachfolge als römischer Kaiser an.

verstehen, die zeitliche Einordnung zu erschließen und das Hauptziel des Berichtes zu erkennen, ist manchmal viel Denkarbeit erforderlich. Nur durch einen textgenauen Umgang mit der Bibel finden wir zum rechten Verständnis. Nur dann laufen wir nicht Gefahr, auf falsche säkulare oder religiöse Lösungen reinzufallen.

2. Bei Gott ist kein Ding unmöglich: In der Bibelauslegung gibt es den Trend, dass wir Phänomene, die wir von der Art her den Naturwissenschaften zuordnen können, ausschließlich im Rahmen der Naturgesetze deuten wollen. Dieses Prinzip wurde besonders im Zeitalter der Aufklärung praktiziert und hat zu einer Infragestellung der Wahrheit der Bibel geführt.

Wer die Auferstehung Jesu biologisch deuten will oder den Durchzug des Volkes Israel durchs Rote Meer mithilfe spezieller Wetterkonstellationen erklären will, wird den Textaussagen der Bibel nicht mehr gerecht. Hier haben wir es mit einem direkten Eingreifen Gottes zu tun – aus der Sicht unseres Erfahrungshorizontes finden wir hierfür keine naturgesetzliche Erklärung, und darum bezeichnen wir sie korrekterweise als Wunder.

In Seiner Allmacht kann Gott **wann**, **wo** und **wie** nach seinem Belieben handeln. Dazu gehört auch, einen neuen Stern zu schaffen, der alle diejenigen Bedingungen erfüllt, die er möchte. Rein astronomische Deutungen sind immer wieder versucht worden. Wie gezeigt werden konnte, führen alle diese Versuche zu Fehldeutungen.

3. Umgang mit alttestamentlichen Zitaten im Neuen Testament: Bei Bezügen aus dem Alten Testament wird oft keine wortwörtliche Wiedergabe im Neuen Testament verwendet – etwa so, wie wir es in wissenschaftlichen Veröffentlichungen beim Zitieren anderer Arbeiten tun. In der Bibel handelt es sich nicht um ungenau wiedergegebene Zitate, sondern durch den Geist Gottes wird nicht selten eine weitergehendere Wahrheit offenbart. Statt von Zitaten sollte man besser von Belegstellen reden. Manchmal wird die Quelle direkt genannt wie z. B. in Matthäus 24,15. Der Herr Jesus sagt dort: „... von dem gesagt ist durch den Propheten Daniel." Versnummern konnten noch nicht genannt werden, da diese erst viel später eingeführt wurden.

4. Denkstoff für Generationen: Die Geschichte vom Stern von Bethlehem und den Weisen ist ein gutes Beispiel dafür, wie die Bibel uns durch eine einzige Geschichte so viel Denkstoff mitgibt, dass Generationen mit der Lösung beschäftigt sind. Mitdenken an den biblischen Texten ist erforderlich.

5. Gott schenkt die Sehnsucht nach ihm: Gott hat uns die Ewigkeit ins Herz gelegt (Prediger 3,11). Die Sehnsucht des Menschen nach Gott ist von ihm geschenkt. Von ihm kommt beides: Das Wollen und das Vollbringen. An den Weisen können wir beides studieren.

6. Wer sucht, der findet: Gott zeigt uns in seinem Wort immer wieder Beispiele, wie sehr sich Menschen danach ausgestreckt haben, seinen Sohn zu finden. In seinem Sohn ist Rettung. Wer ihn sucht, wird ihn auch finden. Gott setzt alles daran, um Menschen ans Ziel zu bringen.

7. Der weise und der gefallene Mensch: Die Bergpredigt Jesu endet **nicht** mit den Worten: „Wenn ihr alles für wahr haltet, was ich euch gesagt habe und ihr zu allem genickt habt, dann seid ihr klug", sondern *„Wer diese meine Rede hört und tut, gleicht einem klugen Mann."* Die Weisen aus dem Morgenland waren deswegen weise, weil sie handelten und nicht weil sie viel wussten. Das Wissen in dieser Welt ist sehr groß – wenn das schon Weisheit wäre, sähe es in unserer Welt besser aus. *Herodes* wusste sehr viel, nämlich

- wie man seine Macht ausweiten kann
- wie man Intrigen spinnt
- und wie man Programme zur Sicherung der Macht strickt,

aber er war keineswegs weise. So steht er als Prototyp für den gefallenen gottfernen Menschen.

8. Gott tut Unvorstellbares: Gott tut oft etwas, was sich niemand vorstellen konnte. Dazu gehört auch, dass er seinen Sohn mit solchen Randbedingungen in die Welt schickte, die uns Menschen ungewöhnlich erscheinen:

- Er kommt zu einem der astronomisch kleinsten Gestirne.
- Er kommt in einem der kleinsten Länder der Erde zur Welt. Israel ist nur etwa so groß wie unser Bundesland Hessen.

- Eine unbekannte junge Frau ohne Rang und Namen, ohne Adelstitel und ohne Besitz, bringt ihn zur Welt.
- Ein eigens für ihn geschaffener Stern kündigt seine Geburt an.
- Dass der Stern gerade über einem speziellen Haus stehen bleibt, kann sich niemand vorstellen.

9. Gottes Zeitplanung ist hochpräzise: Die Reisezeit der Weisen durch die Wüste war menschlich nicht kalkulierbar. Auch die Dauer des Aufenthalts bei *Herodes* war nicht vorhersehbar. Wenn die Weisen die Ersten sein sollten, die den neugeborenen König der Juden anbeten, dann musste die Geburt Jesu mit vielen anderen Details aufeinander abgestimmt sein. Das war sie auch, denn der Allmächtige und Allwissende hatte alles im Griff. Bei Gott gibt es kein zu spät – sein Zeitpunkt ist immer eine Punktlandung. Daraus können wir lernen: Auch bei unseren Lebensfragen können wir uns seiner optimalen Zeitplanung anvertrauen. Bei ihm gibt es keine unsicheren und keine nicht voraussagbaren Parameter.

10. Jesus gebührt Anbetung: Im Laufe der Zeit haben die Menschen sich mancherlei Gebetsadressen ausgedacht. In jeder Religion wird ein anderer Gott oder werden sogar mehrere Götter angebetet. Muslime zum Beispiel wenden sich ausschließlich an Allah und lehnen Jesus als Sohn Gottes strikt ab; nie würden sie ihre Gebete an Jesus richten. Oder auch die Zeugen Jehovas wenden sich in ihren Gebeten nur an Jehova; nie würden sie ihre Gebete an Jesus richten.

Es ist bemerkenswert, dass von den 260 Kapiteln des Neuen Testaments bereits das zweite Kapitel davon berichtet, wie die weit angereisten Weisen als einzigen Grund ihres Kommens sagen: „Wir sind gekommen, ihn anzubeten."

Das Neue Testament bezeugt uns mehrfach, dass Jesus nicht nur angebetet wurde, sondern dass der Glaube an ihn, d. h. ihm zu vertrauen, ihn zu ehren und ihn anzubeten, sogar heilsnotwendig ist.

Als Paulus und Silas im Gefängnis von Philippi waren und um Mitternacht ein Erdbeben einsetzte, sodass die Türen zur Flucht frei wurden, wollte sich der Gefängniswärter das Leben nehmen. Auf die Frage „Was soll ich tun?" sagten Paulus und Silas: „Glaube an den Herrn Jesus, so wirst du und dein Haus selig!" (Apostelgeschichte 16,31). Hätten sie gesagt „Glaube an Gott", hätte der Kerkermeister sicherlich zurückgefragt: „Welchen Gott meint ihr – Zeus, Poseidon, Hermes, Dionysos oder wen?" Sie aber benannten Jesus, den einzigen Retter.

Als Stephanus vor den Toren Jerusalems wegen seines Glaubens gesteinigt wurde, betet er zu Jesus, seinem Retter: „Herr Jesus, nimm meinen Geist auf!" (Apostelgeschichte 7,59).

Als Thomas erstmals dem Auferstandenen begegnete und er sich anhand der Nägelmale und der Narbe in der Seite überzeugen durfte, dass es Jesus war, der vor ihm stand, bekannte er betend: „Mein Herr und mein Gott" (Johannes 20,28).

Auch von den anderen Jüngern heißt es: „Sie aber beteten ihn (= Jesus) an und kehrten zurück nach Jerusalem mit großer Freude" (Lukas 24,52).

Von den Engeln heißt es in Hebräer 1,6: „Und es sollen ihn (= Jesus) alle Engel Gottes anbeten." In Offenbarung 5,14 wird bezeugt, dass alle Geschöpfe im Himmel und auf Erden Jesus, dem Lamm Gottes, Lobpreis und Anbetung brachten: „Und jedes Geschöpf, das im Himmel und auf Erden und unter der Erde und auf dem Meer und alles, was darin ist, hörte ich sagen: Denn der auf dem Thron sitzt, und dem Lamm sei Lob und Ehre und Preis und Gewalt von Ewigkeit zu Ewigkeit."

Johannes der Täufer stellt Jesus als den wahrhaftigen Gott und das ewige Leben in Person vor: „Dieser ist der wahrhaftige Gott und das ewige Leben" (Johannes 5,20). In Titus 2,13 wird der Retter Jesus Christus „die Erscheinung der Herrlichkeit des großen Gottes" genannt. In Psalm 45,7 lesen wir: „Gott, dein Thron bleibt immer und ewig." Und in Hebräer 1,8 wird diese Aussage auf Jesus angewandt: „Von dem Sohn: Gott dein Thron währt von Ewigkeit zu Ewigkeit, und das Zepter der Gerechtigkeit ist das Zepter deines Reiches."

Die Gottheit Jesu, seine einzigartige Bedeutung als Retter und die Notwendigkeit, ihn im Gebet zu ehren wird so deutlich bezeugt, dass man **ohne Jesus auch Gott, den Vater, nicht hat**: „... damit sie alle den Sohn ehren, wie sie den Vater ehren. Wer den Sohn nicht ehrt, der ehrt (auch) den Vater nicht" (Johannes 5,23). Weiterhin lesen wir in 1. Johannes 2,23: „Wer den Sohn leugnet, der hat auch den Vater nicht; wer den Sohn bekennt, der hat auch den Vater."

Nur durch Jesus können wir gerettet werden, weil er gottgleich ist: „Wer an ihn (= Jesus) glaubt, der wird nicht gerichtet, wer aber nicht (an ihn) glaubt, der ist schon gerichtet, denn er glaubt nicht an den Namen des eingeborenen Sohnes Gottes" (Johannes 3,18).

2.8 Was tut Gott nicht alles, um einen Menschen zu gewinnen?

Der Bericht über den Reiseverlauf der Weisen aus dem Morgenland führt uns beispielhaft vor Augen, wie Gott Menschen nach langen Wegen zu Jesus bringt. Es stellt sich die Frage, ob Gott auch heute noch so staunenswerte Dinge mit Menschen tut, damit sie den Retter Jesus finden. Aus zeitnahem Erleben möchte ich nun von drei Personen berichten.

2.8.1 Die junge Frau, deren Oma gestorben war

In Mannheim kam eine junge Frau in der Nachversammlung zum Glauben. Sie hatte gerade an diesem Tag Krasses erlebt. Ihre Großmutter war an diesem Morgen verstorben, und da tat sich bei ihr die essentielle Frage auf: „Was wird nach dem Tode sein?" Da las sie das Plakat zu dem Vortrag des heutigen Abends „Gibt es ein Leben nach dem Tod?". Sie berichtete: „Darum bin ich heute hier her gekommen, und ich habe tatsächlich die Antwort erhalten." In ihrer größten Trauer hat sie die schönste und freimachende Wahrheit gefunden und sich in die Hände

Jesu begeben, der gesagt hat: „Kommt her zu mir alle, die ihr mühselig und beladen seid; ich will euch erquicken" (Matthäus 11,28).

Eines Tages müssen wir alle sterben. So auch die Oma der jungen Frau. Es ist Gottes Souveränität, diesen Tag zu bestimmen. Im Nachhinein gewann ich den Eindruck, Gott hat den Todestag der Oma auf diesen Verkündigungstag gelegt, damit die Enkelin, die sonst nicht nach Gott fragte, zum Glauben kommt.

2.8.2 Der junge Mann aus der Straßenbahn in Chemnitz

Am 10. Juni 2015 war ich von der SMD (Studentenmission in Deutschland) zu einem Abendvortrag an der Technischen Universität Chemnitz eingeladen. *Markus Ahnert,* einer der Verantwortlichen der SMD holte mich vom Hotel ab, um mich zum Hörsaal W012 in der Reichenhainer Straße zu geleiten. Dazu waren drei Haltestellen weit mit der Straßenbahn zu fahren. Während der Fahrt erwähnte der Student die Chemnitzer Fußballer, die sich gerade in der 3. Liga befinden. Ich sagte daraufhin: „Wenn sie sich anstrengen, werden sie sicherlich wieder aufsteigen. Was mich aber betrifft, so schaue ich ganz gerne mal ein Spiel des Frauenfußballs" (Hinweis: Im Juni 2015 lief gerade die Fußballweltmeisterschaft der Frauen). Als das Stichwort „Frauenfußball" fiel, hakte sich ein etwa 25-jähriger junger Mann in unser Gespräch ein. Er saß auf einem schräg gegenüber liegenden Platz und meinte: „Ja, Frauenfußball finde ich auch ganz lustig." Und so waren wir ins Gespräch gekommen. An der nächsten Haltestelle mussten wir aussteigen.

Wir waren schon aufgestanden, da zog ich das Traktat „Wie komme ich in den Himmel?" aus der Tasche und gab es ihm mit den Worten: „Hier habe ich noch etwas Selbstgeschriebenes für Sie." Er stieg ebenfalls aus und bemerkte: „Das Thema interessiert mich sehr." Daraufhin lud ich ihn ein, zu dem Hörsaalvortrag zu kommen. Der Student gab ihm einen Einladungszettel mit der genauen Wegbeschreibung zum Veranstaltungsort. Er sagte zu, dorthin zu kommen.

Aus Erfahrung weiß ich, dass solche Zufallsbekanntschaften oft freundlich auf eine Einladung reagieren, aber man sieht sie dann in den meisten Fällen doch nicht wieder.

Als der Vortrag mit etwa 150 vorwiegend studentischen Zuhörern begann, schaute ich mich um, ob der Mann aus der Straßenbahn wohl auch da war. Nirgends entdeckte ich ihn. Nach dem Vortrag lud ich diejenigen ein zurückzubleiben, die noch Fragen hatten und auch diejenigen, die Gott kennenlernen wollten. Eine Gruppe von etwa 30 Personen blieb zurück. Etwa 20 Minuten lang wurden Fragen gestellt, dann meldete sich eine Frau: „Sie hatten doch gesagt, sie wollten erklären, wie man Gott findet." – „Das ist ein gutes Stichwort!", erwiderte ich. „Nun können diejenigen gehen, die nur Fragen stellen wollten, die anderen bleiben bitte hier." Daraufhin ging der größere Teil der Gruppe. Dem Rest erklärte ich, wie man sich zu Jesus bekehrt. Danach fragte ich jeden Einzelnen, ob er diese Entscheidung wirklich treffen wolle. Nun war ich sehr überrascht. Der junge Mann aus der Straßenbahn war doch gekommen, und er traf ebenfalls die Entscheidung für Christus.

Erst hinterher staunte ich über den Abend. Hätte ich das Stichwort „Frauenfußball" nicht erwähnt, hätte der junge Mann in der Straßenbahn sich gar nicht in unser Gespräch eingemischt und wir hätten ihn auch gar nicht zu dem Vortrag eingeladen. Gott benutzte ein für mich ansonsten ungebräuchliches Wort, um im weiteren Fortgang einen Menschen zu retten und ihm das ewige Leben zu geben.

2.8.3 Der junge Mann aus Regensburg

Im November 2014 erhielt ich eine E-Mail von einem jungen Mann aus Süddeutschland. Er schrieb mir, dass er sich bekehren möchte. Zu diesem Zwecke würde er sogar nach Braunschweig anreisen. Ich fragte daraufhin nach, wo er denn wohne. Seine Antwort: Regensburg. Ich mailte zurück: „Gerade in dieser Woche habe ich einen Abendvortrag an der Universität Regensburg. Sie müssen also gar nicht eine so weite Reise auf sich nehmen. Kommen Sie doch zur Uni, und da können Sie sich nach dem Vortrag bekehren." Nach dem Vortrag am 20. November 2014 lud ich ein zurückzubleiben, um Fragen zu stellen und auch um sich zu bekehren. Als ich fragte, wer sich bekehren wolle, meldete sich nur ein einziger, und das war *Maximilian Delmes* (geb. 1986). Er traf eine klare Entscheidung.

Dann fragte ich ihn, wie es kam, dass er sich an mich gewandt hatte. Das war eine bemerkenswerte Geschichte, von der mir *Max* ausführlich berichtete. Er ist Servicetechniker einer Maschinenfirma und man schickte ihn für einige Wochen nach Australien. Direkt neben seinem Hotel gab es eine Gemeinde. Da er nichts weiter vorhatte, besuchte er dort mehrere Gottesdienste. Dort hörte er von Jesus, was ihn sehr beeindruckte. Er war motiviert, mehr von diesem Jesus zu erfahren und machte sich im Internet auf die Suche nach weiterer Information über Jesus. Beim Googeln gab er „Jesus" ein und stieß dabei auf meinen Vortrag mit PowerPoint Folien: „Jesus: Herr über Raum und Zeit". Nachdem er sich diesen auf YOUTUBE angesehen und gehört hatte, wusste er viel mehr über Jesus. Er berichtete mir, dass ihm dadurch etliche seiner Fragen beantwortet wurden. Weil auch auf die Notwendigkeit einer Entscheidung für Christus hingewiesen wurde, um gerettet zu werden, wandte er sich direkt an den Autor – so lernten wir uns persönlich kennen, aber noch viel wichtiger war es: Er lernte Jesus kennen!

Kapitel 3:

Die Reise der Weisen aus dem Morgenland – Eine freigestaltete Erzählung auf biblischer Grundlage –

Vorbemerkungen

In den vorangegangenen beiden Kapiteln haben wir uns ausführlich mit dem Bibeltext aus Matthäus 2,1-12 beschäftigt. Dabei ist uns sicherlich bewusst geworden – es ist eine ganz außergewöhnliche und fesselnde Geschichte. Die zwölf Verse aus dem 2. Kapitel des Matthäusevangeliums sind die einzige Quelle über die Weisen aus dem Morgenland. So gilt es, diesen Text sehr sorgfältig zu analysieren und alle darin enthaltene explizite und implizite Information[16] herauszuholen, um ein möglichst wirklichkeitsgetreues Bild zu gewinnen. In den Kapiteln 1 und 2 konnten wir auf diese Weise viele Details direkt erkennen oder durch konsequente Schlussfolgerungen herausfinden. Dennoch gibt es einige Fragen, die uns der kurze Bibeltext nicht beantwortet. Dazu gehören z. B.:

---

16 Schriftliche (aber auch mündliche) Information hat im Allgemeinen zwei Anteile: zunächst all das, was mit Worten direkt gesagt wird (explizite Information). Hinzu kommt aber noch jener Anteil an Information, der gar nicht wörtlich fixiert wird, aber dennoch zu entnehmen ist (implizite Information). Das sind zunächst einmal solche Details, die wir mit dem Begriff „Zwischen-den-Zeilen-lesen" bezeichnen. Weiterhin kommen noch Aspekte wie die zeitlichen Umstände, die damalige Umwelt, der historische Hintergrund und der biblische Gesamtzusammenhang zum Zuge.

- Was hat die Weisen motiviert, eine so anstrengende Reise von Babylon bis nach Judäa durch die Wüste auf sich zu nehmen?
- Woher wussten die Weisen, dass der „König der Juden" geboren wird?
- Und wie kamen sie auf den Titel „König der Juden"?
- Wie haben die Weisen den Stern erlebt?
- Kann man annehmen, dass der Wirt Maria und Josef so unfreundlich behandelt hat, wie das in vielen Krippenspielen während der Weihnachtszeit immer wieder dargestellt wird?
- Wie hat *Herodes* die Weisen empfangen?
- Wie haben die Weisen das Jesuskind angebetet?

Die folgende frei gestaltete Erzählung kann als eine sehr ausführliche Predigt oder auch als Hörspiel angesehen werden. Die grundlegende Basis ist zunächst der Bericht aus dem Matthäus-Evangelium selbst; es werden aber auch andere zentrale Bibelstellen herangezogen, um Antworten auf die obigen Fragen zu geben, die zum Kontext der Bibel passen oder ihr zumindest nirgends widersprechen. In Fußnoten werden die relevanten Bibelstellen wörtlich zitiert.

Wann die Hirten von Bethlehem bei Maria und Josef eintrafen, ist biblisch belegt (Lukas 2,11), nämlich am Tag der Geburt Jesu. Über den Zeitpunkt, wann die Weisen aus dem Morgenland bei Maria und Josef ankamen, gibt die Bibel keinerlei Hinweise. So spricht also in der folgenden Erzählung nichts dagegen, dass die Hirten und die Weisen sich im Stall von Bethlehem begegneten.

In den gängigen Krippenspielen zur Weihnachtszeit wird der Wirt des Hauses, wo Maria und Josef um Quartier baten, meistens als unbarmherziger Mann dargestellt, der den beiden die Unterkunft verwehrt. Dafür gibt es aber keinen biblischen Beleg. In Lukas 2,7b heißt es nur kurz und knapp: „... denn sie hatten sonst keinen Raum in der Herberge." Könnte man daraus nicht mit besserer Begründung auf die folgend beschriebene Situation schließen? Im überfüllten Bethlehem waren alle Quartiere in den zur Verfügung stehenden Karawansereien bereits voll ausgebucht, als Maria und Joseph eintrafen. Ein freundlicher Wirt konnte die hochschwangere Frau nicht abweisen und gewährte ihr eine Notunterkunft im nebenstehenden Stall. Und so soll es in der folgenden Erzählung auch geschehen.

Die Antworten zu den oben gestellten Fragen sind eingebettet in spannend geführte fiktive Dialoge zwischen drei Juden mit den frei gewählten Namen Benjamin, Ephraim und Simeon[17]. Die frei gestaltete Erzählform soll drei Zwecken dienen:

- Sie soll wie eine ausführliche Predigt die Aussagen des Bibeltextes in lebendiger Weise dem Leser vor Augen führen.
- Sie soll durch den Stil der Erzählung den Leser in die damalige Situation mit hineinnehmen.
- Sie soll insbesondere durch die reichlich ausgeschmückten und unterhaltsam wirkenden Dialoge auch zum Vorlesen geeignet sein.

---

17 Wir entscheiden uns hier bei den Weisen für die Zahl drei, obwohl im 1. Kapitel bereits darauf hingewiesen wurde, dass der biblische Text darüber keine Auskunft gibt.

Die Reise der Weisen aus dem Morgenland
– Eine freigestaltete Erzählung auf biblischer Grundlage –

Seitdem König *Nebukadnezar*[18] das Land Judäa, Heimat des jüdischen Volkes, belagert und die Bewohner als Gefangene nach Babylon[19] abgeführt hatte, gab es jüdische Berater im babylonischen Königshaus. Auch die nachfolgenden persischen Könige schätzten sie sehr. Denn die Juden besaßen nicht nur viel Weisheit und eine schnelle Auffassungsgabe; als Besonderheit kam noch hinzu, dass ihr Gott Jahwe ihnen zur Seite stand, wenn sie um Rat und Hilfe baten. So konnten die Juden alle Wahrsager, Sterndeuter, Geisterbeschwörer und Zauberer der Babylonier, die als Berater den jeweiligen Königen dienten, in den Schatten stellen. Daniel war der erste jüdische Berater am Königshof, der seine Überlegenheit unter Beweis stellte, als er einen sehr wichtigen Traum von König *Nebukadnezar* (Daniel 2,1-49) realistisch deuten konnte. So entstand die Tradition am babylonischen Königshof, begabte Juden in den Rat des Königs zu berufen, der bei allen wichtigen Entscheidungen – beispielsweise wenn es um das Führen von Kriegen, um die Weiterentwicklung des Landes, um

---

18 *Nebukadnezar I.* herrschte von 605 bis 562 v. Chr. als König von Babylon. Nach dreijähriger Belagerung fiel 587 v. Chr. Jerusalem. Die Stadt und der Tempel wurden vollständig zerstört, und das Volk Israel wurde in die Verbannung geführt.

19 Babylon hatte eine wechselvolle Geschichte. 626 v. Chr. gründete der Chaldäer *Nabupolassar* das Neubabylonische Reich. Im Jahre 539 v. Chr. eroberte der persische König *Kyros* Babylon; damit endete das Neubabylonische Reich. 336-323 v. Chr. eroberte *Alexander d. Gr.* das Perserreich. Von 312 v. Chr. bis 64 v. Chr. wurde Babylon durch syrische Seleukiden beherrscht. Danach gehörte Babylon bis ins 3. Jahrhundert n. Chr. zum Partherreich.

die Versorgung des Volkes, aber auch um Gerichtsurteile ging – tagte.

Zu der Zeit, als der Perserkönig *Artaxerxes*[20] in Babylon herrschte, erlaubte er allen Israeliten, die in seinem Reich in der Verbannung lebten, nach Jerusalem und damit in ihre Heimat zurückzukehren. Die Juden nahmen diesen Beschluss freudigen Herzens auf und machten sich auf den Weg nach Judäa. Auch wenn sie als Verbannte lebten und mancherlei Willkür ausgesetzt waren, blieben einige Juden dennoch in Babylon zurück, weil es ihnen dort recht gut ging. Durch den Segen Gottes gelang es ihnen, am Hofe des Königs als Mundschenk, Koch und Berater eine herausragende Stellung zu bekommen. Sie erlangten dort hohes Ansehen und brachten es sogar zu beachtlichem Reichtum. Selbst in ihren kühnsten Träumen hatten sie solch ein Wohlergehen nicht für möglich gehalten. Als Zeichen seiner Zufriedenheit und Wertschätzung beschenkte der König sie mit Gold und gab ihnen Einfluss, Macht und Ehre. Sie hatten sich in Babylon ein schönes Leben aufgebaut. Warum sollten sie das Land verlassen und in der alten, vom Krieg zerstörten Heimat mit einem kärglichen Leben beginnen, das dort mit viel Mühe und harter Arbeit für den Wiederaufbau verbunden war?

Zu den Nachkommen der jüdischen Zurückgebliebenen in Babylon gehörten auch die drei Freunde Benjamin, Ephraim und Simeon. Schon ihre Vorfahren waren als Berater am Königshof tätig gewesen. Sie

---

20 *Artaxerxes I.* war von 465 v. Chr. bis zu seinem Tod im Dezember 424 v. Chr. Persischer Großkönig. *Artaxerxes* war Sohn und Nachfolger von *Xerxes I.*

sahen keine Veranlassung, nach Jerusalem zurückzukehren, obwohl es ihnen besondere Freude bereitete, dass der Tempel in Jerusalem wieder aufgebaut war und ihr Volk wieder in dem Land, das Gott ihnen gegeben hatte, leben durfte. Auch wenn sie nicht in die Heimat zurückgekehrt waren: Sie waren treue Diener Gottes und beteten täglich zu Jahwe. Im Volke galten sie als Weise, weil das Wissen und die Erkenntnis von Generationen an sie weitergegeben worden war, das sie selbst noch erweitert hatten, so dass sie nun über einen wahren Wissensschatz in Astronomie, Medizin und Politik verfügten. Bei alledem war der Dienst als Berater am Königshof keine ungefährliche Angelegenheit, die ihnen ein Leben in Müßiggang erlaubte, denn eine einzige falsche Beratung hätte sie Kopf und Kragen kosten können. Die babylonischen, aber auch die persischen Könige waren oft unberechenbar. In Sekundenschnelle konnten sie in Zorn geraten und das Haus ihrer Berater verwüsten lassen, sie in die Löwengrube werfen oder anderweitig grausam bestrafen.

Etwas Unvorhergesehenes bricht herein

Es war früh am Morgen, der dunkle Nachthimmel war gerade verschwunden, um der aufgehenden Morgensonne Platz zu machen. Der Tau war noch nicht ganz getrocknet, als Benjamin aufgeregt zum Haus seines Freundes Ephraim ben Nathan rannte. Er raffte seine weißen Schlafgewänder etwas höher und rief schon vom weitem: „Ephraim! Ephraim!", als ob sein Haus in Flammen stände. Als Ephraim das hörte, eilte er alarmiert aus seinem Haus und sah seinen Freund völlig außer Atem ankommen.

„Was ist los? Was ist passiert?", fragte er sorgenvoll. „Ist eine große Katastrophe über dich hereingebrochen?" Benjamin holte tief Luft und begann dann zu erzählen: „Mein Freund Ephraim! Ich weiß nicht, ob ich es als große Katastrophe oder als frohe Botschaft deuten soll. Die ganze Nacht habe ich kein Auge zubekommen. Ich bin völlig durcheinander. Du musst mir helfen." Seine Augen leuchteten, und sein Gesicht hatte ein besonderes Strahlen.

„Sag doch, Benjamin! Hat man dein Haus angezündet? Ist deine Frau gestorben?"

„Weder noch!", brachte Benjamin, immer noch außer Atem, leise heraus.

„Was ist denn passiert, wenn es keine Katastrophe ist?", hakte Ephraim sichtlich erstaunt nach. Er griff nach Benjamins zitternden Händen. „Beruhige dich erst einmal und komm herein", sagte er. Sie gingen durch das große Eingangstor, das mit den in Stein gehauenen Löwenköpfen die Wichtigkeit und die Macht der bedeutenden Familie symbolisierte.

„Dass ich das noch erleben würde – ich habe es nicht für möglich gehalten!" Benjamin schüttelte ungläubig seinen Kopf. Seine sonst so perfekt frisierten Locken klebten an seinem Kopf vom schnellen Laufen. „Stell dir das vor!", erzählte er weiter, während er mit Ephraim den gemütlichen Innenhof betrat.

„Nun erzähl schon!", sagte Ephraim ungeduldig, während er die zwei wunderschönen mit türkisfarbenen Ornamenten verzierten Gläser mit frischem Wasser füllte. Er winkte Ari, seinem Diener, der neugierig um die Ecke lugte, herbei und befahl ihm: „Bring schnell frische Trauben, die süßesten Datteln und die feinsten Feigen."

Benjamin setzte sich auf die gemütlichen Kissen, die an den Wänden des Atriums platziert waren. Das Wasser plätscherte leise vom Brunnen in das Bassin. Weißblaue Fliesen mit goldfarbenen Rändern schmückten das Wasserbecken. Üppig blühende Mandelbäume und Blumen mit in rot und pink leuchtenden Blüten umrahmten die Fenster und Türen, die zum Innenhof führen. Die Sonne ging gerade erst auf, und es war von der Nacht her noch angenehm kühl. Ephraims Familie schlief noch und die Diener begannen mit ihrem Tagewerk.

„Gestern Abend habe ich mich wie üblich nach dem Gebet schlafen gelegt", erzählte Benjamin. „Da erschien mir im Traum ein Engel mit schneeweißem Gewand. Sein Gesicht war so außergewöhnlich schön, als wäre seine Schönheit nicht von dieser Welt. Er lächelte mich so freundlich an, dass es mein Innerstes zutiefst berührte. In demselben Moment verließen mich meine Kräfte und ich fiel auf die Knie. Er sagte: ‚Hab keine Angst! Ich tue dir nichts!' Dann bedeutete er mir mit den Händen aufzustehen. So sammelte ich meine Kräfte und stand auf. Dann erklärte der Engel: ‚Ich habe einen Auftrag für dich vom Herrn. In Kürze wird euch der schon längst verheißene Erretter geboren, der eure Sünden tilgen und bis in Ewigkeit mit Recht und Gerechtigkeit regieren wird. Geh nach Judäa und bete ihn als Ersten an'."

Benjamin machte eine kurze Pause. „Ich bebte am ganzen Körper und brachte es endlich fertig, im Traum zu sagen: ‚Aber Herr, wir beten nur unseren Gott Jahwe an, aber niemals einen Menschen!' Daraufhin erwiderte der Engel: ‚Hast du nicht in der Schrift gelesen?' Und dann nannte er mir sieben Schriftstellen:

- Du, Tochter Zion, freue dich sehr, und du, Tochter Jerusalem, jauchze! Siehe, dein **König** kommt zu dir, ein Gerechter und ein Helfer, arm und reitet auf einem Esel, auf einem Füllen der Eselin (Sacharja 9,9).
- Denn uns ist ein **Kind** geboren, ein Sohn ist uns gegeben, und die Herrschaft ruht auf seiner Schulter; und er heißt Wunder-Rat, Gott-Held, Ewig-Vater, Friede-Fürst (Jesaja 9,5).
- Und alles Fleisch soll erfahren, dass ich, der Herr, dein **Heiland** bin und dein Erlöser (Jesaja 49,26).
- Und dies wird sein Name sein, mit dem man ihn nennen wird: Der Herr unsere **Gerechtigkeit** (Jeremia 23,3).
- Es ruft eine Stimme: In der Wüste bereitet dem Herrn den Weg, macht in der Steppe eine ebene Bahn unserm **Gott**! (Jesaja 40,3).
- Siehe, es kommt die Zeit, spricht der Herr, dass ich dem **David** einen gerechten **Spross** erwecken will. Der soll ein König sein, der wohl regieren und Recht und Gerechtigkeit im Lande üben wird (Jeremia 23,5).
- Fürwahr, er trug unsere Krankheit und lud auf sich unsere Schmerzen. Wir aber hielten ihn für den, der geplagt und von Gott geschlagen und gemartert wäre. Aber er ist um unserer Missetat

willen verwundet und um unserer Sünde willen zerschlagen. **Die Strafe liegt auf ihm**, auf dass wir Frieden hätten, und durch seine Wunden sind wir geheilt (Jesaja 53,5-6).

‚Soll ich noch weitere Worte aus der Schrift zitieren, damit du verstehst, wer unter euch wohnen wird?‘, fragte mich der Engel. Als ich diese Worte des Engels vernahm, sackte ich zusammen wie ein morscher Baum, der durch einen Windstoß umfällt."

Benjamin fuhr mit zitternden Händen durch sein dichtes, schwarzes Haar. Er atmete tief ein, bevor er fortfuhr:

„Ich lag im Staube und flehte den Engel an. Er stärkte mich und half mir, auf die Beine zu kommen. Dabei bemerkte er, dass der Herr allen vergeben werde, die ihn aufrichtig darum bitten. Dann zeigte der Engel auf einen hellleuchtenden, sehr ungewöhnlichen Stern am Himmel. ‚Siehst du diesen Stern? Es ist sein Stern, der noch nie dagewesen ist und ab einem bestimmten Zeitpunkt wird er nie wieder erscheinen. Folge diesem Stern. Er wird dein Wegweiser sein.‘ Dann verschwand der Engel vor meinen Augen – so wie sich Rauch im Wind auflöst. Ich stand eine Weile verwirrt und regungslos da. Ich konnte es kaum fassen, dass ein von Gott gesandter ewiger König unter uns wohnen wird. Ich hatte das Gefühl, als lächelte mich sein Stern an. Ich sage dir, mein Freund, dieser Traum hat sich tief in mein Gedächtnis eingebrannt. Die Worte des Engels werde ich nie mehr vergessen!"

Benjamin rennt in aller Aufregung zu Ephraim.

Ephraim beobachtete ihn eine Weile mit zusammengekniffenen Augen. Im Hintergrund konnte er seine Frau hören, die mit ihrer weichen Stimme seinen Töchtern ein Morgenlied sang. Der Diener brachte das Frühstück. Ephraim nickte ihm zu und Ari verließ wieder den Innenhof. Eine kleine Brise ging durch die Mandelbäume, und ihr Duft wehte zu den zwei Freunden hinüber. Ephraim blickte auf zum Himmel. Nach einer Weile fand er, was er suchte, und dann deutete er mit dem Finger auf einen Stern, der am westlichen Morgenhimmel auffallend hell leuchtete: „Ist das der Stern, von dem du geträumt hast?"

Auch Benjamin hob seinen Kopf. Als er den Stern aus seinem Traum dann als realen Stern am Morgenhimmel entdeckte, blieb sein Mund vor Staunen offen. „Das hat es ja noch nie gegeben! Ein Stern am helllichten Tag! Ist das nicht ein großes Wunder, das wir mit eigenen Augen erleben dürfen?"

„Doch, mein Freund Benjamin! Ich kann es auch kaum fassen. Wer sind wir denn, dass Gott uns so etwas Gewaltiges erleben lässt?" Ephraim schaute ergriffen zu Benjamin und sagte mit bewegter Stimme: „Stell dir vor, dieser Stern begleitet mich nun schon seit drei Tagen, wohin ich auch gehe. Seitdem bete ich vermehrt zu unserem allmächtigen Jahwe und studiere intensiv in den Schriften, um das Ausmaß dieser göttlichen Gnade auch nur ein wenig zu begreifen. Wer weiß, was wir wohl noch alles erfahren werden?"

Endlich begriff Benjamin, dass sein Freund Ephraim auch von diesem Stern und dem Engel geträumt haben musste. Vor Staunen konnte er nur ausrufen: „Du auch, mein Freund? Du hast auch davon geträumt?"

„Ja, Benjamin! Auch ich habe diesen Traum gehabt – und zwar schon vor drei Tagen. Auch meine Knie wurden weich wie Pudding, und auch ich fiel im Traum auf die Knie, als mir der Engel erschien und sagte: ‚In Kürze wird euch der Friedefürst, euer Messias, geboren. Geh nach Judäa und bete ihn als Ersten an.'"

„Ephraim, ich bin einfach völlig durcheinander. Ich weiß nicht, was ich dazu sagen soll. Stell dir das mal vor, der Ewig-Vater wird uns geboren, und er wird unter uns weilen!" Benjamin sprang auf. „Hast du jemals gehört, dass ein Einziger von den Heidengöttern zu den Menschen kam?" Aufgeregt schritt er auf und ab. „Aber unser Gott hat uns den Retter angekündigt, der vom Himmel kommt! Ich kann es kaum fassen! Wir werden ihn sehen und hören!"

„Benjamin, komm doch herein. Lass uns in meine Schreibstube gehen, damit wir uns ausführlich beraten! Unsere Träume sind viel zu bedeutungsvoll, um sie an der Türschwelle zu besprechen. Ich habe noch viele ungelöste Fragen im Kopf."

Stundenlang saßen die zwei nun schon dort, um sich weiter über den außergewöhnlichen Traum auszutauschen. Sie versuchten, die Schriftstellen zu verstehen, die der Engel wie zu einem einzigen Bündel zusammengefasst hatte. „Der Engel gab mir die Gewissheit, dass alle von ihm genannten Schriftaussagen immer auf ein- und dieselbe Person hinweisen. Das habe ich beim Lesen der Schrift immer ganz anders gesehen. Immer dachte ich, es sind ganz unterschiedliche Personen, von denen die Schrift redet. Und nun packt der Engel alles in eine einzige Person hinein?", sagte Benjamin stirnrunzelnd.

Die Suche nach Weisheit

Ephraim war geradezu schockiert von Benjamins Feststellung und fragte hilflos: „Wie können denn so widersprüchliche Aussagen auch nur annähernd auf eine einzige Person zutreffen?

- Da soll ein König kommen, der ausdrücklich für Zion (Sacharja 9,9) – also zu unserem Volk der Juden – gesandt wird, und dann heißt es wieder, dass er der Herr und Heiland über alles Fleisch sein soll (Jesaja 49,28). Ist damit etwa gemeint, dass er auch der König über alle anderen Völker sein wird?
- Das klingt so merkwürdig in meinen Ohren, als ob er gleichzeitig auch Gott sei. Warum sonst würde es heißen ‚macht in der Steppe eine ebene Bahn unserm Gott?‘ (Jesaja 40,3).
- Weiterhin heißt es, ‚uns ist ein Kind geboren‘ (Jesaja 9,5). Wie ist das nur möglich, denn der von Ewigkeit her Seiende war doch nie ein Kind?
- Wenn er aber Gott ist, wie kann er dann ein Spross Davids (Jeremia 23,5) sein? Unser Gott Jahwe ist doch von Ewigkeit her, aber David ist doch auch nur ein Mensch!

- Und dann wird er auch noch wie ein Lamm zur Schlachtbank (Jesaja 53,7) geführt. Das heißt doch, er wird getötet werden. Aber Gott kann doch gar nicht sterben – er ist von Ewigkeit zu Ewigkeit, wie es in Psalm 90,2 so eindeutig heißt.

Die Männer durchforschten eifrig die Schriftrollen und beugten ihre Köpfe darüber, um diverse Verse miteinander zu vergleichen. Benjamin verstand das auch nicht, aber er hatte nach langem hin und her eine gute Idee: „Lass uns doch heute so viel wie nur möglich mit den sieben genannten Schriftstellen arbeiten und sie in unseren Herzen bewegen, und lass uns Gott um Erkenntnis bitten, wie er sie gemeint hat." Genau das taten sie auch. Sie lasen in den Schriften, suchten nach Querverbindungen und recherchierten nach Parallelstellen. Jeder Gedanke, jeder Impuls wurde von ihnen ausgiebig diskutiert. Und am Ende des Tages fassten sie zusammen, was sie herausgefunden hatten:

- Derjenige, für den Jahwe den Stern geschaffen hat, muss doch der von uns Juden so sehr erwartete Messias sein. In der griechischen Sprache hat man Messias mit Christus übersetzt.
- Da er ein König ist und in Israel geboren wird, muss er zweifelsfrei ein „König der Juden" sein.
- Wie es Jesaja voraussagte und wie es uns auch der Engel kundtat, kommt er als Kind in diese Welt.

„Damit haben wir schon ganz Wesentliches herausgefunden", freute sich Ephraim. Sie blickten sich an und fassten den Beschluss: „Das ist genug Motiva-

Benjamin und Ephraim beim eifrigen Studium der Schriftrollen.

tion, um dem Auftrag des Engels zu folgen und die lange Wüstenreise nach Israel aufzunehmen."

Bis in die Nacht hinein saßen sie dort und suchten weiter emsig nach Hinweisen in der Schrift, welche Rolle sie bei diesem Ereignis spielen würden. Die uralten und überlieferten Schriftrollen sagten sehr viel über den König der Juden, der da geboren werden würde – dass er ein Fürst des Friedens und ein Ewig-Vater (Jesaja 9,5-6) sein würde, aber von einem Stern, der Tag und Nacht leuchtet, davon war nirgends die Rede.

Ihre Mägen knurrten, und Ari brachte ihnen einen nächtlichen Imbiss und setzte sich dann still in die Ecke. Ephraim mochte die Gesellschaft des jungen und wissbegierigen Aramäers. Er half ihm oft bei seinen wissenschaftlichen Beobachtungen und Auswertungen. Auch während des kleinen nächtlichen Essens konnten sie nicht ablassen, über die Bedeutung der Schriftstellen weiter zu diskutieren. Wie ein trockener Schwamm sog Ari jede Information auf. Seine Augen schauten nachdenklich aus dem Fenster in den inzwischen dunklen Nachthimmel. Auch er hatte den außergewöhnlich hellen Stern vor drei Tagen entdeckt.

Wann aber kommt der Messias?

Immer weiter vertieften sie sich in die Schriften und suchten nach Belegen, **wann** der Friedensfürst geboren werden würde. Im Buch des Propheten Daniel stießen sie endlich auf eine präzise, wenn auch noch etwas verschlüsselte Angabe. Denn dort stand geschrieben[21], dass vom Erlass des Befehls zum Aufbau der Stadt Jerusalems bis zu dem Zeitpunkt, da ein Fürst als Gesalbter auftreten würde, 7 und dann noch weitere 62 Wochen vergehen würden. Das wären zusammen 69 Wochen, wobei im prophetischen Wort eine Woche als Jahrwoche zu je 7 Jahren zu veranschlagen ist. Als sie das lasen, leuchteten Benjamins Augen vor Freude.

„Durch unsere Studien kennen wir zwar die Schrift recht gut, aber bisher habe ich mein Augenmerk noch nie darauf gelegt, **wann** der Friedensfürst geboren wird. Schau her, hier haben wir es: In den ersten 7 Jahrwochen, das sind 49 Jahre, da wird die Stadt Jerusalem aufgebaut. Danach folgt eine Zwischenzeit von 62 x 7 = 434 Jahren. Wenn wir nun die 49 Jahre dazu addieren, kommen wir auf 434 + 49 = 483 Jahre."

„Damit hat sich ja Gott sehr genau festgelegt, wann der Messias kommen wird", staunte Ephraim und war begeistert über Benjamins Schriftkenntnis.

„Aber ab wann beginnt diese Zeitrechnung? Wann erging der Befehl, Jerusalem wieder aufzubauen? Davon hängt doch nun alles weitere ab", hielt Ephraim ihm entgegen.

---

21 Daniel 9,25-26a: „Von der Zeit an, als das Wort erging, Jerusalem werde wiederaufgebaut werden, bis ein Gesalbter, ein Fürst, kommt, sind es 7 Wochen; und 62 Wochen lang wird es wieder aufgebaut sein mit Plätzen und Gräben, wiewohl in kummervoller Zeit. Und nach den 62 Wochen wird ein Gesalbter ausgerottet werden und nicht mehr sein.

Benjamin wusste sofort: „Da müssen wir im Buch Nehemia nachschauen, denn dort und auch im Buch Esra ist ausführlich vom Aufbau Jerusalems berichtet. Warte einen Moment, bis ich es gefunden habe. Ich hab's! Hier steht es gleich zu Beginn des zweiten Kapitels bei Nehemia: ‚Im Monat Nisan des zwanzigsten Jahres des Königs *Artahsasta* ...' Damit haben wir den Nullpunkt der Zeitachse für unsere weitere Rechnung gefunden. Immer dann, wenn die Schrift nicht die Nummer des Monatstages angibt, ist es der erste des Monats. So kommen wir auf das Datum des 1. Nisans im Jahre 445 v. Chr.[22] Seit Noahs Zeiten rechnen wir jeden Monat mit 30 Tagen[23] und das Jahr mit 360 Tagen. Nun können wir die prophetisch genannte Zeitspanne von 483 Jahren in Tage umrechnen. 483 x 360 = 173 880 Tage schaffen wir gerade noch ohne unseren bewährten Abakus-Rechner. Wenn wir vom 1. Nisan 445 v. Chr. um 173 880 Tage weiter gehen, kommen wir auf den 10. Nisan des Jahres 32 n. Chr. Also müsste der Friedensfürst dann erscheinen."

Daraufhin erwiderte Ephraim: „Da liegst du falsch, mein Freund. Daniel schreibt in Kapitel 9,26a: ‚Und

---

22 Die Jahreszahlen geben wir hier in der Umrechnung nach dem gregorianischen Kalender an, damit sich der Leser besser zurechtfindet. Nach der profanen Geschichtsdatierung war *Artahsasta* (oder auch *Artaxerxes* genannt) von 465 v. Chr. bis 424 v. Chr. persischer Großkönig. Sein zwanzigstes Regierungsjahr war somit im Jahr 445 v. Chr.
23 Nach 1. Mose 1,11 begann die Sintflut im sechshundertsten Lebensjahr Noahs am 17. Tag des 2. Monats. Und am 17. Tag des 7. Monats ging die Arche auf das Gebirge Ararat nieder (1. Mose 8,4). Das sind 5 Monate, und diese Zeitspanne wird in 1. Mose 8,3 mit 150 Tagen bemessen. Somit wird ein Monat mit 30 Tagen gerechnet.

nach 62 Wochen wird ein Gesalbter ausgerottet werden.'"[24]

Benjamin konterte daraufhin: „Man wird ja nicht einen Säugling schon bei der Geburt ausrotten, denn es ergibt keinen Sinn, warum er ausgerottet wird, bevor er seine Mission erfüllt hat."

„Da hast du Recht, Benjamin. Wir haben einen Fehler gemacht: Wir suchten in der Schrift nach dem Geburtstermin. Der aber wird gar nicht genannt, sondern mit ‚ausrotten' ist sein Todestag gemeint."

„Wo aber in der Schrift finden wir seinen Geburtstag", fragte Benjamin?

„Ich hab's!", platzte Ephraim heraus und richtete seine Gedanken kniend in einem Gebet zu Jahwe:

„Du unser ewiger Gott, der Du dich als ‚Gott Abrahams, Isaaks und Jakobs' vorgestellt hast und der Du Dich offenbart hast als ‚Ich werde sein, der ich sein werde' (2. Mose 3,14), hast den Tag des Kommens Deines Messias nicht in den Schriften offenbart, aber uns beiden hast Du es offenbart, dass es jetzt geschehen wird, weil wir uns jetzt auf diese Reise begeben sollen. Wir danken Dir für diese Gnade an uns. Dem

---

24 Wenn wir das Neue Testament zum besseren Verständnis mit einbeziehen, dann wird der uns verschlüsselt erscheinende Text klarer. Der 10. Nisan 32 n. Chr. ist der Palmsonntag dieses Jahres. An dem Tag zog Jesus in Jerusalem ein, und er wurde als der Gesalbte und König von Israel proklamiert: „Hosianna! Gelobt sei, der da kommt in dem Namen des Herrn, der König von Israel!" (Johannes 12,23). Vier Tage später – am 14. Nisan (= Donnerstagabend) – feierte Jesus das Passa mit seinen Jüngern, und am 15. Nisan (= Freitagmorgen) wurde er gekreuzigt. Damit erfüllte sich, was der Prophet Jesaja vorausgesagt hatte (Jesaja 53,1-12).

Befehl Deines Engels wollen wir gehorsam sein und uns so schnell wie möglich auf den Weg machen. Gepriesen seist Du, Du unser Herr und Gott. Amen."

Eine lange Reise steht bevor

„Wir müssen **sofort** nach Judäa reisen und dem Friedefürsten gleich nach der Geburt die Ehre erweisen. Das ist unser Auftrag, der in unserem Traum unmissverständlich erklärt wurde."

„Das leuchtet mir jetzt ein, mein Freund Ephraim, aber was ist mit dem Stern, der Tag und Nacht leuchtet?", fragte Benjamin.

„Ach mein Freund, unser Gott, der die Sonne, den Mond und unzählige Sterne erschaffen hat, wird doch wohl auch in der Lage sein, für das Kommen seines Messias auf die Erde einen besonderen Stern zu erschaffen, damit nicht nur die Klugen und Weisen erkennen, wann uns ein Gesalbter geboren wird, sondern alle Augen seinen Stern sehen. Ich bin so froh, dass unser Jahwe nur uns zweien ein besonderes Detail über den König der Juden durch den Traum mitgeteilt hat. Womit nur haben wir diese Ehre verdient? Lass uns doch heute noch zu dem König von Babylon, unserem Dienstherrn, gehen und ihm von dieser frohen Botschaft berichten, damit er uns gestattet, nach Judäa zu reisen."

Daraufhin wurde auch Benjamin von der Freude seines Freundes ergriffen. „Welch ein Grund zur Freude! Es ist unfassbar!"

Nach dem langen Gespräch mit Ephraim ging Benjamin zu später Nachtstunde nach Hause und teilte die frohe Botschaft seiner Frau mit. Zwischen Jauchzen und Freuen grübelte er darüber nach, zu welch großem Ereignis sein Freund und er Zeuge werden sollten. Denn die Schrift der Propheten kündigte an, dass der König eines Tages der Übertretung ein Ende machen, die Missetaten sühnen und eine ewige Gerechtigkeit herbeiführen werde (Daniel 9,24b). Vor allem **wie** diese großen Ereignisse stattfinden könnten, davon hatte er noch keine klare Vorstellung. Weit und breit offenbarte sich ihm eine ungerechte Welt, in der die Menschen mit schweren Sünden beladen waren. Schon die Vorstellung, in ewiger Gerechtigkeit zu leben, klang wie der Untergang der alten Welt und die Geburt einer neuen Welt.[25]

Obwohl ihm nur ein kurzer Schlaf vergönnt war, trat Benjamin am folgenden Tag dennoch seinen Dienst im Palast an. Aber gleich nach Dienstschluss begab er sich nochmals zu Ephraim hin, um sich über den Traum Klarheit zu verschaffen und mit ihm zu besprechen, wann sie nach Judäa aufbrechen sollten. Der König hatte zwar gemurrt, dass ausgerechnet gleich zwei seiner Berater hintereinander um Erlaubnis baten, nach Judäa zu reisen, dennoch hatte er sich erweichen lassen. Im Hause Ephraims herrschte Festtagsstimmung, als er hereinkam. Die Anwesenden wussten schon von dem bedeutungsvollen Traum und begrüßten Benjamin freudig. Ephraim

---

25 Das wird erst im **Tausendjährigen Reich** (Jesaja 11,1-16) verwirklicht sein, von dem es heißt: „Man wird nirgends Sünde tun noch freveln auf meinem ganzen heiligen Berge; denn das Land wird voll Erkenntnis des Herrn sein, wie Wasser das Meer bedeckt" (Jesaja 11,9). In Offenbarung 20,4b steht darüber: „… und regieren mit Christus tausend Jahre."

empfing ihn mit den Worten: „Ich wollte dich schon rufen lassen. Gut, dass du nochmal vorbei kommst, denn ich habe eine wichtige Neuigkeit für dich."

Benjamin konnte sich nicht erklären, was sich in dieser kurzen Zeit Wichtiges ereignet haben könnte. Er setzte sich zu den Anwesenden, weil er begriff, dass Gott mit ihnen etwas Besonderes vorhatte. Ephraim begann zu erzählen. „Benjamin, als du heute Nacht weggingst, kam schon frühmorgens Simeon aufgeregt zu mir. Er hat auch von dem Engel mit dem weißen Gewand geträumt, der ihm den Auftrag gab, nach Judäa zu gehen, denn uns werde in Kürze der Messias geboren. Auch Simeon jauchzte vor Freude, weil Gott uns drei auserwählt hatte, den neugeborenen Messias, den König der Juden, aufzusuchen."

Benjamin erkundigte sich: „Wo ist denn Simeon jetzt?"

„Nach unserem Gespräch lief Simeon in Windeseile hinaus und sagte: ,Ich gehe zum König, um ihn um Reiseerlaubnis zu bitten. Danach gehe ich in die Stadt, um für den Messias besondere Geschenke zu kaufen. Beeilt euch, die Reise nach Judäa vorzubereiten.'"

„Ephraim, hast du auch schon ein Geschenk für den Messias?", fragte Benjamin.

„Ich möchte unserem Messias das kostbarste Geschenk, das ich mir vorstellen kann, mitbringen. Wenn ich nur darüber nachdenke, dass er ein ewiger König sein wird, dann muss seine Geburt eine neue

Ära für das ganze Menschengeschlecht bedeuten. Ich komme aus dem Staunen einfach nicht heraus – wir werden Augenzeuge des Gipfelpunktes der Weltgeschichte."

Aufbruch westwärts

Schon am nächsten Morgen standen mehrere Kamele reisebereit. Die Frauen hatten mit Unterstützung der ganzen Familie gekocht, gebacken, Wäsche gewaschen und alles reisefertig gemacht. Der Reiseproviant wurde nun auf die Kamele geladen, denn auf sie wartete ein wochenlang andauernder Ritt durch die Wüste.

So machten sich die drei weisen Männer aus Babylon mit fröhlichem Herzen und beladen mit kostbaren Geschenken wie Gold, Myrrhe und Weihrauch für den Messias auf den Weg nach Judäa. Der Stern, der am westlichen Himmel die Geburt des Messias ankündigte, leuchtete beständig vor ihnen und wies unablässig den Weg nach Westen. Obwohl sich in der Nacht alle Sterne von Ost nach West bewegten, blieb „unser Stern", wie sie ihn nannten, gleichbleibend wie angeschraubt am Firmament stehen. Da er sich nicht bewegte, hielt er die Reisenden gleichbleibend auf Westkurs. So etwas hatte es noch nie gegeben, dass ein einzelner Stern aus der Reihe tanzte und sich nicht dem allgemeinen astronomischen Bewegungsrhythmus der anderen Sterne anschloss. Während der langen Reise von Babylon nach Judäa wuchs die Ungeduld von Benjamin, Ephraim und Simeon von Tag zu Tag. Sie legten nur die allernötigsten Schlaf- und Erholungspausen ein, um so bald wie möglich den neugeborenen König ihres jüdischen Volkes zu sehen. Unterwegs übernachteten sie manchmal in Oasen, und wenn sie an einer Karawanserei vorbeikamen, stärkten sie sich und ihre Tiere für die weitere Reise.

Verlaufen?

Als sie endlich nach mühsamen Wochen Jerusalem erreichten, hatte sich der Stern auf einmal tief gesenkt. Sie gewannen den starken Eindruck, der Stern stehe nun direkt über dem Palast des Königs. So schlossen sie daraus, dass der neugeborene König, der auch als Christus und Friedefürst angekündigt war, wohl im Hause dieses Königs zu finden sei. So hielten sie voller Vorfreude am Palast, stellten sich als Gelehrte aus Babylon vor und baten um eine Unterredung mit König *Herodes*. Diese wurde ihnen umgehend gewährt. Als sie vor dem König standen und danach fragten, wo hier der neugeborene König der Juden geboren sei, stutzte der König, überlegte kurz und antwortete dann sehr barsch:

„Ich bin hier der mächtige König in Judäa! Bedarf es eines anderen Königs?"

Da merkten die drei Weisen, dass *Herodes* über die Geburt eines neuen Königs völlig unkundig war. *Herodes* jedoch war sehr unsicher geworden, denn ihm war klar, dass es sich um wirklich gebildete Männer handelte, die nicht aus einer fixen Idee oder Laune heraus eine so weite Reise auf sich genommen hatten. Irgendetwas stimmte hier nicht, und er musste handeln, um seine Macht zu demonstrieren und zu erhalten. Deshalb fragte er die drei Weisen geschickt:

„Ihr sucht hier in meinem Palast nach einem neugeborenen König der Juden, der der Christus und Erretter eures Volkes sein soll. Warum in aller Welt kommt ihr hierher zu mir?"

Herodes wollte auf jeden Fall verhindern, dass die Juden gegen ihn eventuell einen Aufstand planten. Denn die Juden waren in seinen Augen ein störrisches Volk. Die drei Männer erzählten König *Herodes*, dass sie im Traum von einem Engel den Auftrag erhalten hatten, den König der Juden, der in Kürze geboren werden solle, anzubeten. So hätten sie die lange Reise mit Kamelen von Babylon gen Westen angetreten, und der Stern habe ihnen von dort bis Jerusalem Tag und Nacht den Weg gezeigt. Nun stünde der Stern über seinem Palast.

Daraufhin forderte *Herodes* die drei Weisen auf, ihm den Stern zu zeigen. Sie gingen in den Palastgarten, und auch *Herodes* staunte über den Stern, der sogar am helllichten Tag über seinem Palast leuchtete. Endlich begriff er, dass sich vor seinen Augen etwas Übernatürliches ereignete. Die plausiblen Erklärungen von Benjamin, Ephraim und Simeon hatten ihn davon überzeugt, dass da ein neuer König geboren worden war. ‚Oh, wie schrecklich!' – dachte er bei sich selbst. Im Nu stellte er sich überraschend freundlich zu den Weisen – er lud sie sogar ein, im Palast zu bleiben und sich nach ihrer langen Reise

Die Weisen im Palast des Herodes.

auszuruhen. Das tat er nur, um Zeit zu gewinnen, denn er brauchte einen Plan. Da der neue König nicht in seinem Palast geboren war, musste er anderswo geboren worden sein. Aber wo? Die Weisen konnten ihm auch nach langem und eingehendem Befragen den Ort nicht nennen.

Eine listige Idee

Da kam *Herodes* eine clevere Idee, und er überlegte: ‚Ich werde eine dreitägige Konferenz einberufen, zu der alle jüdischen Schriftgelehrten und Priester erscheinen müssen. Ich werde ihnen genug Zeit einräumen, um alle Schriften der Propheten genauestens zu durchforschen und sich darüber auszutauschen. Einziges Ziel soll sein, den Geburtsort des Christus herauszufinden und ihn mir zu nennen. Ich werde dann schon einen Weg finden, diesen Konkurrenten meines Thrones rechtzeitig auszuschalten.'

Schon bald erschienen die jüdischen Gelehrten und Priester aufgrund des königlichen Befehls vollzählig im Palast des *Herodes*. Der König ordnete an, mit allem Fleiß aus den jüdischen Schriften den Geburtsort des Christus zu ermitteln. Aber welch eine gewaltige Überraschung! Sie brauchten nicht die angesetzten drei Tage, denn schon nach einer knappen Viertelstunde waren sich die Gelehrten einig, dass der Christus, der König der Juden, in Bethlehem geboren werde. „Hier steht es schwarz auf weiß", sagten sie alle einstimmig und zitierten aus dem Buch des Propheten Micha: „Und du, Bethlehem Efrata, die du klein bist unter den Städten in Juda, aus dir soll mir der kommen, der in Israel Herr sei, dessen Ausgang von Anfang und von Ewigkeit her gewesen ist" (Micha 5,1).

Mit einem so schnellen Forschungsergebnis hatte der König nun gar nicht gerechnet, denn er kannte sehr wohl das gängige Sprichwort: „Wenn sich drei Juden versammeln, dann haben sie vier Meinungen." Nachdem die Gelehrten so schnell und so einstimmig ihre Aufgabe gelöst hatten, entließ er sie und rief die Weisen wieder zu sich.[26]

Den Weisen gab er nun den Befehl: „Macht euch so schnell wie möglich auf den Weg nach Bethlehem und macht dort den neugeborenen König ausfindig. Wenn Ihr ihn gefunden habt, dann kehrt zu mir in den Palast zurück und berichtet mir, was ihr erfahren habt. Dann will auch ich nach Bethlehem gehen und ihn anbeten."

In Wirklichkeit dachte er nicht im Geringsten daran, dem neugeborenen König der Juden zu huldigen, sondern er trachtete danach, ihn zu töten. Er trug die unberechtigte Sorge, dieser neue König könnte ihn eines Tages von seinem Thron stoßen. Aber die Weisen waren ahnungslos und erkannten nicht, welche bösen Absichten *Herodes* verfolgte.

---

26 Hier kann zu Recht die Frage gestellt werden: Hätten die Weisen bei ihrem ausgiebigen Schriftstudium nicht selbst herausfinden können, wo der Messias geboren werden sollte? Zwei Varianten sind denkbar: Entweder war ihnen die Stelle aus Micha 5,1 nicht geläufig oder Gott hatte ihnen diese Stelle bewusst verschlossen, um durch seinen Plan des Besuchs der Weisen bei *Herodes* alle Schriftgelehrten von der Geburt des Messias wissen zu lassen.

Auf der Zielgeraden

Die drei Weisen wollten sofort aufbrechen und keine Zeit mehr verlieren. Als sie den Palast verließen, um sich auf den Weg nach Bethlehem zu machen, war ihre Enttäuschung groß. Sie schauten in den sternenklaren Abendhimmel, aber der Stern des Friedefürsten war verschwunden. Sie standen eine Weile den Himmel durchforschend da, aber sie konnten sich nicht erklären, was geschehen war. Ihr bewährtes Reisezeichen war plötzlich nicht mehr auffindbar. Zum Glück hatte man ihnen erklärt, wie sie nach Bethlehem gelangen könnten. Nur zwei Stunden Fußmarsch von Jerusalem entfernt war dieser Ort südlich von Jerusalem leicht zu finden. Mit ihren Kamelen würden sie sicher noch schneller dort sein.

Als erstmals die Silhouette von Bethlehem auftauchte, waren sie voller Freude. War doch das Ziel ihrer langen und strapaziösen Reise zum Greifen nahe. Ephraim aber meinte: „In welchem Haus sollen wir mit der Suche des Kindes beginnen? Wir wissen ja nicht einmal den Namen der Eltern." — „Ja, wir haben wirklich keinerlei Anhaltspunkte", bestätigte Simeon. Er hatte gerade die letzte Silbe seines Satzes ausgesprochen, da passiert das Außergewöhnliche: Ganz plötzlich war der Stern wieder da! In majestätischer Weise überstrahlte er alles, was das Firmament zu bieten hatte. Hellleuchtend hatte der Stern seine Position eingenommen – und zwar ganz exakt über einem einzeln dastehenden Haus. Man hatte geradezu den Eindruck, der Stern berühre das Dach des Hauses. Nun waren sie gewiss, sie müssten nicht alle Häuser abklappern und unpräzise Fragen stellen. Jahwe hatte das bekannte Reisezeichen wieder an den Himmel gezeichnet. Alle drei brachen in Jubel aus und priesen den, der den Messias in die Welt geschickt hatte und der auch den Stern in seiner Allmacht geschaffen hatte.

Chaos in Bethlehem

Grenzenlose Freude erfasste nun die drei Weisen. Sie ritten freudigen Herzens auf die Karawanserei zu, auf die der Stern so eindeutig hinwies. Dort hofften sie, den neugeborenen König der Juden zu finden. Als erstes trafen sie den Stalljungen, der ihnen die unerfreuliche Botschaft brachte, die Karawanserei sei völlig überfüllt. Auch die anderen Herbergen im Ort seien wegen der Registrierung, die von Kaiser *Augustus* angeordnet worden war, mit Angereisten überfüllt. Ihnen blieb nichts anderes übrig, als ihre Kamele draußen hinter den Ställen anzupflocken. Der Lärm, das Gelächter und das Geschrei, das von der Herberge hinausdrang, dämpfte zusätzlich die freudige Stimmung der Neuankömmlinge. Wie sollten sie in dieser Menschenmenge den neugeborenen König finden? Wie auf einem Basar hatten sich Frauen, Männer, Kinder und Greise durcheinandergemischt. Die Leute aßen und tranken und ahnten überhaupt nichts davon, dass in diesem unbedeutenden Dorf ein Wunder ohnegleichen geschehen war. Unbemerkt von allen Einwohnern Bethlehems und auch von den Fremden ereignete sich in diesen Tagen der Höhepunkt der Weltgeschichte.

Die drei Weisen traten in den großen Speisesaal, um sich ein Bild von der Situation zu machen. Tat-

In der Karawanserei von Bethlehem – Simeon im Gespräch mit dem Wirt.

Munteres Treiben in der Karawanserei von Bethle-
hem – dazwischen die Weisen aus dem Morgenland.

sächlich war dort alles zu finden: still sitzende Mütter, kreischende Kinder, laut palavernde Männer und auch auf dem Schoße der Mütter vor sich hin schlummernde Säuglinge. Sie mischten sich unter die Leute, in der Hoffnung, hier irgendwo auch den Wirt ausfindig zu machen. Während sie sich noch hier und da umschauten, kam der Wirt auf die drei Neuankömmlinge zu und gab ihnen zu verstehen, dass seine Karawanserei überfüllt sei.

Ephraim sagte: „Ach Herr, wir sind nicht auf der Suche nach einem Zimmer! Wir kommen im Auftrag Gottes, den neugeborenen König der Juden anzubeten. Denn sein Stern steht genau über dieser Karawanserei. Kannst du uns einen Wink geben, wo wir ihn hier finden können?"

Der Wirt schaute die drei Weisen verwundert an, aber er schien zu verstehen, von welchem König sie sprachen. Denn er kannte die Schrift und hatte einen festen Glauben an Jahwe.

„Meint ihr etwa den Messias, der kommen wird, um die Menschen zu erretten? Ich kann euch sagen, meine Herren, sein Kommen habe ich herbeigesehnt, aber dass er ausgerechnet in meiner Karawanserei geboren wird, das habe ich nie für möglich gehalten. Sagt mal, woher wisst ihr, dass es gerade hier sein soll? Das ist doch kaum vorstellbar!"

Die drei Weisen erzählten dem Wirt ausführlich von dem Traum, von dem Auftrag des Herrn, nach Judäa zu reisen, von dem Stern und von dem Besuch bei *Herodes*. Vor lauter Staunen blieb dem Wirt der

Mund offen. Es schien, als hätten so viele Wunder seine Gedanken durcheinandergebracht. Er konnte eine Weile lang kein Wort von sich geben.

Er sammelte endlich seine Gedanken und fuhr fort: „Wie ihr seht, sieht es in Bethlehem seit einer Woche wie auf einem Jahrmarkt aus. In meiner Karawanserei gibt es sehr viele Säuglinge und Kinder. Woher soll ich wissen, welches Kind der Messias ist? Wir können doch nicht jede Mutter fragen, ob ihr Kind der Messias sei. Dann würde meine Karawanserei sich wirklich in ein Theater verwandeln."

„Aber wir wissen, dass der Messias hier in Bethlehem geboren werden soll. All die Kinder, die in deiner Herberge übernachten, kommen aus anderen Ortschaften, und sie wurden nicht hier geboren. Sie alle kommen darum nicht als Messias infrage", bemerkte Simeon.

Daraufhin ging dem Wirt ein Licht auf. „Gut, dass du das sagst. Gestern Nachmittag kam eine junge, hochschwangere Frau mit ihrem Mann hier an. Ich hatte kein Zimmer mehr frei, aber ich konnte es nicht übers Herz bringen, die Frau ihrem Schicksal zu überlassen. So habe ich ihnen meinen Stall überlassen. Außerdem ist es dort warm und gemütlich. Geht dort einmal hin, vielleicht ist das Kind inzwischen geboren."

„Unser Messias, der Heiland und Friedefürst ist, kann doch nicht in einem Stall geboren werden! Jahwe wird doch dafür sorgen, dass er in einem ehrwürdigen Haus das Licht der Welt erblickt", wandte Benjamin ein.

Aber Simeon erklärte: „Steht denn nicht in der Schrift, dass der König der Juden demütig, reitend auf dem Esel kommen wird?[27]" – „Welcher König reitet heutzutage auf einem Esel? Wir haben ja gestern auch noch gedacht, dass er im königlichen Palast von *Herodes* geboren wird!", meinte Ephraim.

„Du hast Recht, Ephraim. Unser Stolz hindert uns daran, die Pläne Jahwes zu verstehen."

Das Wunder geschieht

Der Stall war direkt an die Karawanserei angebaut, hatte aber einen separaten Eingang. Der leuchtende Stern über dem Gebäude verlieh ihm eine friedliche Stimmung. Aus dem kleinen Fenster des Stalls drang nur ein schwaches Licht nach draußen. Als die drei Weisen an die Stalltür klopften, öffnete ein Mann und bat sie hereinzukommen, weil er annahm, dass sie auch in dem Stall übernachten wollten. Dann stellte er sich als Josef und die Frau, die auf dem Heu mit einem Säugling lag, als seine Frau Maria vor. Er nahm den Säugling in den Arm und zeigte ihn stolz den Weisen, wie alle Väter es tun. „Das ist Jesus, unser neugeborener Sohn!", sagte er.

„Was für ein wunderschönes Kind mit einem so außergewöhnlichen Namen! Woher habt ihr den Namen, den wir noch nie gehört haben?"

---

27 Sacharja 9,9: „Du, Tochter Zion, freue dich sehr, und du, Tochter Jerusalem, jauchze! Siehe, dein König kommt zu dir, ein Gerechter und ein Helfer, arm und reitet auf einem Esel, auf einem Füllen der Eselin."

„Ein Engel hat uns den Namen zugeflüstert!", sagte Josef fast scherzhaft. Aber die drei Weisen fassten es überhaupt nicht als Scherz auf, sondern fragten weiter, was der Engel sonst noch gesagt habe. Dann erzählte Josef von einem Traum[28]. Er tat es so neutral wie möglich, weil er die Befürchtung hatte, von den Fremden nicht ernstgenommen zu werden. Es war schon schwer genug gewesen, den Frommen verständlich zu machen, wie die Schwangerschaft Marias ohne seine Beteiligung an der Zeugung möglich war. Ausgerechnet diese drei Fremden hingen ehrfurchtsvoll an seinen Lippen und lauschten seinen Erzählungen mit höchster Aufmerksamkeit und zeigten keinerlei Misstrauen.

Immer mehr wollten die drei Männer wissen, ob seine Frau Maria auch einen solchen Traum gehabt habe. Als Josef gewahr wurde, dass sie reges Interesse an seiner Familie hatten, erkundigte er sich, wer sie denn seien und woher sie kämen. Er hörte mehr über ihre besondere Stellung am Königshof und die Weisheit und den Reichtum, den Gott ihnen schenkte. Beschämt blickte Maria im Stall umher. Hier konnte Sie kein gekochtes Essen anbieten, kein frisches Wasser, um den Reisestaub abzuwaschen oder gar ein frisches Bett. Als aber Maria wieder in die Gesichter der Weisen schaute, verstand sie, dass diese zu überwältigt vom Geschehen waren, um den Mangel an Gastfreundschaft zu bemerken.

---

28 Matthäus 1,20-21: „Siehe, da erschien Josef der Engel des Herrn im Traum und sprach: Josef, du Sohn Davids, fürchte dich nicht, Maria, deine Frau, zu dir zu nehmen; denn was sie empfangen hat, das ist von dem Heiligen Geist. Und sie wird einen Sohn gebären, dem sollst du Namen **Jesus** geben, denn er wird sein Volk retten von ihren Sünden."

Nachdem die drei Weisen ihre Geschichte erzählt hatten, gaben Maria und Josef ihnen zu verstehen, dass sie von ihrem Besuch informiert worden seien, denn der Engel hätte ihnen gesagt, dass sie nirgendwohin gehen sollten, bevor noch ein Besuch aus Babylon eingetroffen wäre. In dem Moment leuchtete den drei Weisen ein, dass sie nur einen Teil des Wunders der Geburtsgeschichte des Messias erlebt hatten.

Während ihrer Unterhaltung lag das Jesuskind mit leuchtenden Augen in der Krippe, die so klar und herzerwärmend waren, als verberge dieses Wunderkind göttliches Licht in seiner Seele. So wie ein unter dem Gewand verstecktes Licht durch die Löcher und Ritzen hinausdringt, so drang sein göttliches Licht durch seine leuchtenden Augen. Der winzige Junge blickte die Hereinkommenden an, als erwarte er sie, aber der Mund des Neugeborenen, der noch viel zu ungeschickt war, hinderte ihn daran, sie in Worten willkommen zu heißen. Er hob seine kleinen Arme und fuchtelte mit seinen kleinen Fäustchen in der Luft.

Die drei Weisen fielen bei diesem Anblick auf die Knie, weil ihnen das Ausmaß der göttlichen Gnade gewahr wurde, Gottes Wunder so unmittelbar mit eigenen Augen zu erleben. Ephraim rannen Tränen über die Wangen und alle drei riefen:

„Gegrüßet seist Du, unser Herr und ewiger König und Messias! Ehre sei Dir, der Du unseretwegen Dein Himmelreich verlassen hast und in diese verlorene Welt gekommen bist, um die verirrte

Menschheit von ihren Sünden zu erlösen! Lob sei unserem Herrn und Gott, der uns die Gnade erwiesen hat, dieses Geschehnis mit unseren eigenen Augen wahrnehmen zu dürfen. Bisher konnten keine anderen Götter der Völker solche Tat vollbringen, darum preisen wir unseren wahrhaftigen Herrn von ganzem Herzen! Unser heiliger Jahwe tat uns Deine Geburt durch einen Traum kund. So sind wir aus Babylon angereist, um Dir unsere Liebe, unseren Dank und unsere Treue kundzutun! Wie froh sind wir, o Herr, dass Du uns die Gnade erwiesen hast, Dich zu sehen, wovon viele Menschen seit Jahrhunderten nur geträumt haben. Möge unser Heiland und Herr an den Geschenken Gefallen finden! Nur Dir gebührt Lob und Ehre! Kein Geschenk, das auf Erden kostbar und schön ist, ist wertvoll und schön genug, um es unserem Messias zu schenken, dennoch bitten wir Dich, unsere bescheidenen Geschenke als Zeichen unserer Wertschätzung anzunehmen! Alle unsere Geschenke sind nur eine äußerliche Geste. Wir möchten Dir aber noch etwas anderes schenken, und das sind unsere Herzen. Vielleicht sind wir jetzt die Ersten, die Dir, dem Heiland, ihre Herzen mitgebracht haben. Wie froh sind wir als von Dir nun ebenfalls Beschenkte, Dich für immer in unseren Herzen mitzunehmen. Wie unvorstellbar reich sind wir durch diese Reise geworden."

Das Jesuskind lächelte daraufhin, als hätte es alle Worte der drei Weisen verstanden. Nur seine ungeübte Zunge schien hinderlich zu sein, „Danke!" auszusprechen. Die drei Weisen freuten sich und sangen Loblieder für den ewigen König aller Völker, dessen

Geburt durch den Traum und seinen Stern verkündigt worden war.

Ihre tiefen Stimmen verflochten sich harmonisch in alten Weisen, und Maria lauschte ergriffen den Worten und der Melodie. Sie nahmen das Wunderkind in den Arm, küssten es auf die Stirn und segneten es. Es hatte den besonderen Geruch der Neugeboren an sich, und ihr Herz ging auf. Sie bemerkten: „Dieses Kind ist nicht nur der Messias, sondern die fleischgewordene Liebe in Person."

Neben der Futterkrippe lagen Weihrauch, Myrrhe und vielerlei wunderschöne und kostbare Geschenke aus Gold, die die drei Männer aus Babylon dem Messias mitgebracht hatten. Maria und Josef waren ergriffen von so viel Überfluss und Josef fühlte Erleichterung, würde es doch die Heimreise etwas erleichtern.

Hirten aus der Nähe[29]

Während in der Heiligen Nacht im Stall der Karawanserei die drei Weisen das Jesuskind anbeteten, schien der Rest des Ortes Bethlehem in tiefstem Schlaf versunken zu sein. Wie immer funkelten die Sterne am Himmel, Leute in den überfüllten Herbergen palaverten über belanglose Dinge, und einige Hirten weideten ihre Schafe wie eh und je. Ei-

---

29 Lukas 2,8-11: „Und es waren Hirten in derselben Gegend... Und der Engel des Herrn trat zu ihnen... und sprach: Fürchtet euch nicht! Siehe, ich verkündige euch große Freude, die allem Volk widerfahren wird; denn euch ist heute der Heiland geboren, welcher ist Christus, der Herr, in der Stadt Davids."

nige von ihnen musizierten und andere wiederum schnitzten Hirtenflöten, um dadurch der Langeweile zu entkommen. Wenn die Schafe schliefen, wurden sie von treuen Schäferhunden bewacht. Die Hirten versammelten sich um ein Lagerfeuer und plauderten über die neusten Ereignisse. Es gab eigentlich nicht viel zu erzählen, denn sie bekamen von den Vorkommnissen der weiteren Umgebung nicht viel mit. Tagsüber trieben sie die Herde über die Weiden und nachts ruhten sie aus. Das Treffen am Lagerfeuer war die einzige Gelegenheit, um zu erfahren, was sich in Bethlehem zugetragen hatte.

Auch an jenem bedeutungsvollen Abend saßen sechs Hirten am Lagerfeuer. Die Nächte hatten sich in den letzten Wochen abgekühlt, so genossen sie ihren heißen Tee am wärmenden Feuer. Silas Frau hatte frisches Brot gebacken, das mit etwas Käse herumgereicht wurde. Plötzlich geschah es, als wiche die Dunkelheit der Nacht, denn eine strahlende Gestalt trat zu ihnen. Die Hirten erschraken dermaßen, dass ihnen der Mund offen stehen blieb. Die Gestalt sah einem Menschen ähnlich, dennoch glich sie keinem aus dieser Welt – es war ein Engel, der aus dem Himmel kam. Das Kleid des Engels schimmerte in einem reinen, weißen Ton und es schien mit unzähligen, winzigen Diamanten bestickt zu sein. Sein Gesicht leuchtete, und er lächelte die Hirten warm an.
Die Stimme des Engels hatte einen harmonischen Klang, sie wirkte beruhigend und entschieden zugleich:

„Habt keine Angst! Im Auftrag des lebendigen Gottes bin ich direkt vom Himmel gekommen, um

Die Hirten von Bethlehem am Lagerfeuer.

Den Hirten von Bethlehem erscheint ein Engel.

euch eine ganz außergewöhnliche Botschaft zu verkünden. Was ich euch nun sage, ist eine Botschaft allergrößter Freude und sie gilt euch zuallererst, aber auch dem ganzen Volk Israel, und darüber hinaus ist sie an alle Menschen des gesamten Erdkreises gerichtet:

Denn euch ist heute der Heiland geboren, welcher ist Christus, der Herr, in der Stadt Davids[30].

Dieses Heute ist ein Jetzt. Gerade heute Abend ist euer Retter geboren, dessen Kommen eure Propheten schon vor Jahrhunderten vorausgesagt haben."

Die Hirten saßen wie angewurzelt am Lagerfeuer. Sie trauten ihren Augen nicht, was sich gerade abspielte. Ausgerechnet sie, die als Herren der Nacht mit den Tieren in der Dunkelheit jahrein, jahraus die Gegend ohne leiseste Angst durchstreiften, wurden nun kreidebleich. Sie waren froh, dass der Engel nicht dann erschienen war, als sie allein waren, sonst wären ihre Herzen vor Schreck womöglich stehengeblieben.

Der Engel merkte, dass sein Erscheinen den Hirten die Sprache verschlagen hatte. Sie alle saßen regungslos da.

Die Hirten waren nicht besonders schriftkundig, dennoch hatten sie einen festen Glauben an Jahwe. Sie wussten vom Hörensagen, dass ein Heiland geboren

---

30 Lukas 2,11

werde, aber wann und wo er geboren wird, war ihnen völlig unbekannt.

Nur Silas, der älteste der Hirten, fasste den Mut, den Engel zu befragen: „Wo wird das sein? Wir wissen nichts davon."

„Es geschah ganz nahe bei euch – hier in Bethlehem! Seht ihr den Stall von der Herberge da drüben? Dort ist euch der Heiland geboren!"

Tatsächlich war der Stall der Herberge am Dorfrand so hell erleuchtet, als fände dort eine besondere Veranstaltung statt. Auch ein außergewöhnlich heller Stern stand so tief über dem Stall, als wollte er das Dach berühren.

Daraufhin löste sich die Zunge von Silas, und er wandte sich an den Engel: „Womit haben wir diese Ehre verdient, dass unser Herr uns seinen Engel schickt, um uns die Geburt des Heilandes mitzuteilen? Wir sind arme, einfache Hirten mit einfältigem Herzen. Die Schrift kennen wir nicht so genau wie unsere Schriftgelehrten in Jerusalem. Moses selbst und Elia etwa sind wir auch nicht, warum schickt der Herr gerade uns seinen Engel?"

„Wie gut kennt ihr euern Gott, wenn ihr meint, dass er seine Engel nur einem Abraham und den Propheten schicken würde? Wenn der Herr und Messias als Sohn Gottes in euerm Dorf geboren wird statt in einem königlichen Palast, dann dürftet ihr euch eigentlich nicht wundern, dass er zu seinen Geringsten einen Engel schickt, um euch

Die Weisen bei Maria und Joseph und dem Jesuskind im Stall von Bethlehem.

Die Hirten sind gemeinsam mit den Weisen im Stall von Bethlehem.

einzuladen, seine Ankunft in dieser Welt mit eigenen Augen zu sehen", sagte der Engel erklärend.

Silas begriff, dass sich in dieser Nacht etwas äußerst Außergewöhnliches ereignet hatte. Noch nie war den Hirten während ihrer Wanderungen mit den Tieren ein Engel des Herrn erschienen. Obschon sie wussten, dass Abraham, dem Stammvater der Israeliten, auch ein Engel besucht hatte, nahmen sie es als eine Ausnahme hin.

„Schau nur her – was ist das?", brachen alle Hirten in ein mächtiges Erstaunen aus. „Jetzt öffnet sich auch noch der Himmel. Wir sehen ganze Heerscharen von Engeln, die zu uns herschauen. Wir können es nicht unterscheiden – schauen sie vom Himmel zu uns, oder sind sie auch hier in unsere Welt hineingekommen? Sie singen in einem Gesang, der nicht nur vierstimmig, sondern sogar hundertstimmig sein mag. Wir verstehen kein Wort – es ist ein himmlisches Lied. Oh, wie wunderbar das klingt! So etwas haben unsere Ohren noch nie vernommen. Und nun sprechen sie im Chor, und alles bündelt sich zu einer einzigartigen, gewaltigen Stimme, die zugleich harmonisch wie Harfenklang wirkt, aber zugleich auch mächtig wie tosender Donnerhall:

,Ehre sei Gott in der Höhe und Friede auf Erden bei den Menschen seines Wohlgefallens'" (Lukas 2,14).

Dann wird der gewaltige Chor allmählich unsichtbar, als mache er eine Himmelfahrt. Nur der eine Engel bleibt noch zurück und lädt die Hirten ein, nach Bethlehem zu gehen:

„Und das habt zum Zeichen: Ihr werdet finden das Kind in Windeln gewickelt und in einer Krippe liegen" (Lukas 2,12).

Silas macht sich wieder als einziger zum Sprecher: „Wir sind nicht würdig, von unserem Heiland eingeladen zu werden. Wir haben noch nicht einmal angemessene Kleidung, um vor dem Herrn zu erscheinen. Hast du dich vielleicht geirrt? Statt zu den Oberpriestern im Tempel zu gehen, bist du zu uns gekommen. Außerdem haben wir keine wertvollen Geschenke."

„Wenn der Herr einen Besuch in königlichen Gewändern und mit kostbaren Geschenken wünschte, hätte er mich zu Herodes schicken können oder auch zum Kaiser nach Rom. Auch die Oberpriester im Tempel hat er nicht eingeladen. Sondern euch Hirten, die ihr im Lande gering geachtet seid", sagte der Engel.

Daraufhin waren alle Hirten erstaunt und konnten es nicht fassen, welche Gnade der Herr ihnen zukommen ließ. Langsam aber stetig regte sich in ihnen ein Hauch von Freude.

Die Verzagtheit der Hirten wich von ihnen und Mut nahm ihren Platz ein. Dann sprachen die Hirten untereinander: *„Lasst uns nun unverzüglich nach Bethlehem gehen und die Geschichte sehen, die da geschehen ist, die uns der Herr durch den Engel kundgetan hat"* (Lukas 2,15).

Der jüngste Hirte, Samuel, der die ganze Zeit mucks-mäuschenstill dagesessen hatte, meldete sich auf einmal zu Wort: „Wir sind nicht reich, aber können wir unserem Heiland nicht auch kleine Geschenke mitnehmen?"

„Unser Herr wird eure kleinen Geschenke mit so großer Freude annehmen, als wären sie das Kostbarste, das es gibt", entgegnete der Engel.

Daraufhin standen einige Hirten auf, nahmen ihren Hirtenstab in die Hand und eilten zu ihren Hirtenhütten, um Geschenke zu holen. Nur Silas blieb sitzen, denn er hatte sein Geschenk, eine selbstgeschnitzte Hirtenflöte, schon in seiner Hirtentasche. Zu seinem Glück hatte er sie in der frühen Abendstunde bereits fertig geschnitzt. Auch Linael schien bleiben zu wollen, denn sein Geschenk war ein junges Lamm, das er von seinem Dienstherrn zusätzlich zu seinem Lohn einmal im Jahr bekam. Dieses schöne Lamm sollte ein Geschenk für den Heiland sein. Er brauchte nur zu der Herde zu gehen, die ganz in der Nähe schlief, um das Lamm zu holen.

Silas und Linael blieben noch auf dem Feld, bis die anderen Hirten mit ihren Geschenken zurückkamen. Sie hatten Käse, Milch und Lammfelle mitgebracht.

Ausgewählte Gäste

Die Hirten machten sich nun eilig auf den Weg zur Karawanserei. Die anfängliche Furcht und Scheu war gewichen, und ihre Freude stieg geradezu mit jedem

Schritt an. Als sie die Tür des Stalles öffneten, drang ihnen der nicht unbekannte Geruch nach Kühen in die Nasen. Linael sagte spontan: „Hier kann es nicht sein, dieser Ort ist doch des Heilands der Welt unwürdig – lasst uns schnell umkehren, damit wir keine Zeit verlieren."

Doch Samuel lugte um die Ecke und war zutiefst ergriffen von dem, was sein Auge erspähte: Wo sonst die Kühe aus der Futterkrippe ihr Heu fraßen, lag ein neugeborenes Baby mit einem außergewöhnlichen Glanz im Gesicht. „Hurra, wir sind doch richtig! Erinnert euch – hatte der Engel nicht von einem Stall gesprochen?"

Die Hirten standen noch scheu und schüchtern an der Türschwelle, da rief auch schon eine einladende Stimme: „Kommt herein! Kommt herein!" Die Hirten betraten einer nach dem anderen den kleinen Stall. Ihre Herzen waren vor Aufregung dem Bersten nahe.

Josef stellte seine Frau Maria und ihren neugeborenen Sohn Jesus vor. Etwas abseits standen auch die drei Weisen, die noch nicht abgereist waren. Samuel kam auf Maria zu, entschuldigte sich stellvertretend auch für die anderen Hirten, dass sie so unangemeldet hereingekommen seien. Aber Maria erwiderte liebevoll:

„Seid uns sehr herzlich willkommen! Wenn wir euch nicht eingeladen haben, so wissen wir doch schon längst, unser Gott hat euch durch seinen Engel ganz persönlich zu uns geschickt. Gibt es etwas Schöneres als das?"

„Wie Recht sie hat!", bemerkte Linael und wandte sich zu den anderen Hirten: „Er schickte uns einen Engel, um uns zielgenau hierher zu führen."

„Liebe Maria, nimm unsere bescheidenen Geschenke, die wir für unseren Heiland mitgebracht haben! Ich wünschte, wir könnten ihm in gebührender Weise edle Geschenke bringen, aber wir sind nur arme Hirten!", sagte Silas.

Maria bedankte sich herzlich für die Geschenke und war sichtlich erfreut. Sie bat die Hirten, auf den umliegenden Strohballen Platz zu nehmen. Maria hatte das Jesuskind inzwischen aus der Krippe genommen und auf ihren Schoß gesetzt. Seine körperliche Entwicklung schien weit über das sonst übliche vorangeschritten zu sein. Er konnte den Kopf eigenständig halten und seine Hände gezielt nach den Leuten strecken, die ihm näher kamen, was bei Neugeborenen sonst nicht der Fall war.

Der Hirte Linael, der Stillste von allen, fragte Maria: „Vergib mir meine Neugierde, aber dieses Kind ist gar nicht so wie die anderen Kinder. Kannst Du mir erklären, warum das so ist?"

„Einem ungläubigen Menschen ist es unbegreiflich, was ich euch zu erzählen habe. Aber euch will ich es sagen, weil Gott euch eingeladen hat, die Ankunft des Heilands in dieser Welt mitzuerleben. Wie ihr seht, ist er anders als andere Säuglinge. Er wurde auch nicht von einem Mann gezeugt, sondern durch den Heiligen Geist."

Diese Worte waren die Krönung des Wunders, was den Heiland betrifft. Die Hirten staunten nur noch und waren einfach fassungslos.

„Sage uns doch, liebe Maria, hast du auch einen Engel erlebt? Als wir heute Nacht draußen am Lagerfeuer saßen und uns auf einmal ein Engel erschien, wären wir beinahe vor Schreck zu Salzsäulen erstarrt", sagte Samuel.

„Zu gegebener Zeit schickt der Herr uns seine Engel", erwiderte Maria. „Auch meinen Gästen aus Babylon ist ein Engel des Herrn im Traum erschienen und hat ihnen den Auftrag gegeben, den Heiland aufzusuchen und ihn anzubeten. So haben sie den weiten Weg von Babylon bis Bethlehem zu uns gemacht."

Weiter erzählte sie: „Auch ich durfte solches erleben. Vor neun Monaten erschien mir ganz unverhofft der Engel Gabriel und begrüßte mich als Begnadete. Ich war zutiefst erstaunt darüber und hatte mich noch gar nicht von meiner Überraschung erholt, da redete er direkt zu mir:

‚Fürchte dich nicht, Maria, du hast Gnade bei Gott gefunden. Siehe, du wirst schwanger werden und einen Sohn gebären, und du sollst ihm den Namen Jesus geben. Der wird groß sein und Sohn des Höchsten genannt werden; und Gott der Herr wird ihm den Thron seines Vaters David geben, und er wird König sein über das Haus Jakob in Ewigkeit, und sein Reich wird kein Ende haben'" (Lukas 1,30-33).

„Halleluja!", rief Samuel in seiner Begeisterung: „Das ist ja unfassbar! Gepriesen sei unser Herr und Heiland Jesus, der uns mit solchen Gnaden überschüttet. Aber ich verstehe nicht, warum der Herr den Oberpriestern im Tempel keinen Engel geschickt hat." Daraufhin antwortete Benjamin von den drei Weisen: „Die Oberpriester im Tempel wussten schon, dass unser Heiland in Bethlehem geboren werden würde, weil sie es durch die Konferenz bei *Herodes* erfahren haben. Sie haben es aber nicht für nötig befunden, ihn ebenfalls aufzusuchen."

„Wisst ihr Freunde", jubelte Linael: „Ich kann diese große Gnade, welche uns der Heiland erwiesen hat, gar nicht für mich behalten. Ich muss einfach hinaus und allen Leuten erzählen, dass uns der Heiland Jesus in Bethlehem geboren worden ist. Kommt! Lasst uns diese frohe Botschaft allen verkünden."[31]

Samuel und die anderen Hirten standen tief ergriffen und voller Zuversicht auf, machten eine Verbeugung vor Jesus und riefen:

„Gepriesen sei unser Heiland Jesus! Wir beten Dich an, Du göttliches Kind, das uns vom Vater im Himmel als Retter geschenkt ist. Dank sei Dir für immer und ewig."

Nun war es Zeit, sich von den Anwesenden zu verabschieden. Der Abschied fiel ihnen schwer, denn sie hatten den Retter der Welt gesehen. Nun aber muss-

---

31 Lukas 2,16-17: „Und sie kamen eilend und fanden beide, Maria und Josef, dazu das Kind in der Krippe liegen. Als sie es aber gesehen hatten, breiteten sie das Wort aus, das zu ihnen von diesem Kinde gesagt war."

Die Hirten gingen vom Stall aus direkt zu den Leuten von Bethlehem, um ihnen die Botschaft von dem erschienenen Retter weiterzugeben.

te diese beste Botschaft der Welt zu den Menschen hinausgetragen werden.

Rückreise umgebucht

Die drei Weisen blieben noch eine Weile. Auch ihnen fiel es schwer, sich von Jesus zu trennen. Sie redeten viel mit Maria und Josef, und sie genossen jede Stunde in dem Stall von Bethlehem. Dann traten sie aber doch den Heimweg nach Babylon an, allerdings nahmen sie einen Umweg, um nicht noch einmal König *Herodes* zu treffen. Das hatte Gott den dreien im Traum befohlen[32]. Und so wählten sie eine andere Route, um in ihr Land zurückzukehren.

Unterwegs schwärmten sie unermüdlich von dem himmlischen Jesuskind und sangen Loblieder.

Ephraim sagte: „Ich muss euch etwas Wichtiges anvertrauen. Als wir das himmlische Kind anbeteten, kam es mir so vor, als hätte dieses Kind seine Worte in mein Herz gegeben: ‚Selig sind die Weisen und Einfältigen, die meinem Ruf folgen und mich anbeten! Wahrlich, wahrlich, eure Namen sind im Buch des Lebens eingetragen! Die Taten dieser drei Weisen sollen über Israel hinaus unter allen Heidenvölkern bekannt werden!'"

Daraufhin schmunzelten Benjamin und Simeon, als wüssten sie auch etwas Besonderes, was sie aber

---

32 Matthäus 2,12: „Und Gott befahl ihnen im Traum, nicht wieder zu Herodes zurückzukehren, und sie zogen auf einem anderen Weg wieder in ihr Land."

zunächst für sich behielten, weil sie Ephraims überschwängliche Begeisterung über die Geburt des Messias nicht unterbrechen wollten.

Längst hatten sie Judäa mit ihren Kamelen zurückgelassen und befanden sich schon wieder in der endlosen Wüste, in der sie sich ostwärts bewegten. Beim Nachdenken über all das Geschehene kam Ephraim eine Frage in den Sinn:

„Warum hat Gott uns denn mit Hilfe des Sterns zuerst zu *Herodes* geleitet, obwohl er dann befahl, nicht wieder zu ihm zurückzukehren? Sollte *Herodes* nichts von der Geburt des Kindes wissen? Oder hat Gott seinen Plan geändert?"

Als sie diese Frage länger miteinander hin und her bewegten, fand Simeon eine plausible Antwort:

„Es ging Gott gar nicht um *Herodes*, sondern um unser jüdisches Volk. Unserem Volk war doch der Heiland geboren. Was gibt es dann Wichtigeres, als dass unser ganzes Volk von diesem göttlichen Ereignis erfährt? Gott benutzte den tyrannischen König in einer genialen Weise, dass nun alles Volk erfahren konnte, was geschehen war. Nur der König hatte die Macht, ausnahmslos alle Schriftgelehrten aus Israel zu sich hin zu beordern, um den Geburtsort zu ermitteln. Am Ende der Konferenz wussten nun alle religiösen Führer des Volkes, der Heiland ist gerade jetzt geboren, und zwar in Bethlehem in unmittelbarer Nähe Jerusalems."

„Oh ja, Ephraim", stimmten die anderen beiden mit ein: „Das klingt sehr einleuchtend. Sicherlich werden nun alle Schriftgelehrten und Priester im Tempel und in allen Synagogen des Landes die frohe Kunde verbreiten. Alle wollen den schon vor Jahrhunderten angekündigten Retter Israels sehen. Es wird nun bald einen riesigen Aufbruch nach Bethlehem geben, und keine Karawanserei wird dem Ansturm gewachsen sein."

Bei all diesen Erörterungen ging Benjamin nun noch ein weiteres Licht auf:

„Nun bekommt unsere Reise eine tiefe Begründung. Gott hatte sich mit unserer Reise etwas Besonderes ausgedacht. Wir wurden zu Werkzeugen einer groß-angelegten Verkündigungsaktion. Ob die Schriftge-lehrten diese Chance wohl genutzt haben?"

Auch Simeon fiel im Nachhinein noch etwas Wichti-ges auf.

„Der Engel hatte uns im Traum gesagt, wir sollten den neugeborenen König aufsuchen und ihn anbe-ten. Aber Anbetung gebührt doch nur Gott allein. Haben wir dann gesündigt, wenn wir ein menschli-ches Kind angebetet haben?"

„Eine Sünde kann es nicht gewesen sein, denn wir haben ja auf göttliches Geheiß hin gehandelt. Das soll nun mal einer verstehen. Da brauchen wir wirk-lich Weisheit", wunderte sich Ephraim.

Simeon antwortete: „Ja, Weisheit ist das richtige Stichwort. Und die Schrift ist die Quelle der Weis-heit. Schaut her, in Psalm 2,7 sagt Gott zu dem Messias: ‚Du bist mein Sohn.' Damit ist er gottgleich. Der Messias, der von einer Jungfrau geboren wurde, ist damit beides zugleich: Er kommt zu uns sowohl als Mensch als auch als Gott. Man kann es auch so sagen: Er wird ein Mensch, obwohl er Gott ist – und er ist Gott, obwohl er sich als Mensch gebärdet."

Benjamin freute sich über Simeons Schriftkenntnis: „Damit hast du uns bewiesen, dass der Messias Gott ist – genauer: Er ist der Sohn Gottes. Wir hätten uns dieses Ergebnis auch logisch erschließen können: Wenn nur Gott angebetet werden darf, und wenn Jahwe uns auf den Weg schickt, um dieses Kind anzubeten, dann muss dieses Kind Gott sein!"

Einstimmig erkannten sie plötzlich, was kaum zu fassen ist: **„Wir haben Gott gesehen!"**

Kapitel 4

Wie kann ich heute Jesus finden?

Die spannende Reise der Weisen aus dem Morgenland hatte einen besonderen Zielpunkt. Am Ende des langen Weges und aller Beschwernisse fanden sie den Retter Jesus. Ihn beteten sie ganz persönlich an und nahmen ihn in ihren Herzen mit. Wer Jesus gefunden hat, hat automatisch auch den Himmel gefunden. Jesus sagt in Johannes 14,6 „Ich bin das Leben!" Mit dem griechischen Wort „zoe", das dort für „Leben" steht, ist nicht das biologische, sondern das ewige Leben gemeint. Es stellt sich jetzt für uns die Frage, können auch wir zu Jesus finden, obwohl uns kein Engel im Traum erschienen ist? Ja, jedermann ist eingeladen – und damit auch Sie als Leser dieses Buches. Jesus hat versprochen, einen jeden anzunehmen, der sich zu ihm wendet: „Wer zu mir kommt, den werde ich nicht hinausstoßen!" (Johannes 6,37). Dieses „Wie" habe ich in dem Traktat „Wie komme ich in den Himmel?"[33] ausführlich beschrieben, und den Text verwende ich nun:

Die Frage nach der Ewigkeit wird heute von vielen Menschen verdrängt. Das beobachten wir sogar bei jenen, die über ihr Ende nachdenken. Die amerikanische Schauspielerin *Drew Barrymoore* spielte als

---

33 Der folgende Text ist auch als farbig gestaltetes Traktat mit dem Titel „Wie komme ich in den Himmel?" beim Missionswerk „DIE BRUDERHAND" erhältlich. Postanschrift: Am Hofe 2; D-29342 Wienhausen. E-Mail: info@bruderhand.de. Dieses Faltblatt ist inzwischen in etwa 70 Sprachen erhältlich.

Kinderstar in dem Fantasy-Film »E. T. – Der Außer-irdische« eine Hauptrolle. Andere bekannte Filme sind „Mitten ins Herz" und „Glück im Spiel". Als sie achtundzwanzig Jahre alt war (geb. 1975), äußerte sie: »Wenn ich vor meiner Katze sterben sollte, dann möge man ihr meine Asche zu fressen geben. Dann lebe ich wenigstens in meiner Katze weiter.« Ist diese Ahnungslosigkeit und Kurzsichtigkeit bezüglich des Todes nicht erschreckend?

Zur Zeit Jesu kamen viele Menschen zu ihm. Ihre Anliegen waren fast immer irdischer Art:

- **Zehn Aussätzige wollten gesund werden** (Lukas 17,13),
- **Blinde wollten sehend werden** (Matthäus 9,27),
- **Jemand erwartete Hilfe bei einem Erbstreit** (Lukas 12,13-14),
- **Pharisäer kamen mit der Fangfrage, ob sie dem Kaiser Steuern zahlen sollten** (Matthäus 22,17).

Nur wenige Menschen kamen zu Jesus, um von ihm zu erfahren, wie man in den Himmel kommt. Ein reicher junger Mann suchte ihn auf mit der Frage: *»Guter Meister, was muss ich tun, damit ich das ewige Leben ererbe?«* (Lukas 18,18). Ihm wurde gesagt, was er tun solle, nämlich: alles verkaufen, woran sich sein Herz klammert und Jesus nachfolgen. Da er sehr reich war, befolgte er den Rat nicht und verzichtete damit auf den Himmel. Es gab auch Leute, die den Himmel gar nicht suchten, aber in der Begegnung mit Jesus darauf hingewiesen wurden. Und dann griffen sie augenblicklich zu. Zachäus begehrte Jesus zu sehen. Aber er fand mehr als erwartet. Nach dem Besuch im Hause des Zachäus – quasi beim Kaffeetrinken – fand er den Himmel. Jesus stellte fest: *»Heute ist diesem Haus Heil widerfahren«* (Lukas 19,9).

Wie findet man den Himmel?

Nach dem bisher Gesagten können wir festhalten: Das Himmelreich kann man an einem ganz bestimmten Tag finden. Das ist gut zu wissen, denn so wird es auch für Sie, lieber Leser und liebe Leserin, heute möglich, das ewige Leben bei Gott zu ergreifen.

Der Erwerb des Himmelreiches ist nicht an eine zu erbringende Leistung gekoppelt.

Das Himmelreich kann man ganz unvorbereitet finden.

Unsere eigenen Konzepte, in den Himmel zu kommen, sind durchweg falsch, wenn wir nicht von Gottes Aussagen ausgehen. Eine Schlagersängerin sang in einem Lied über einen Clown, der nach jahrelangem Zirkusdienst abtrat: »Er kommt sicher in den Himmel, denn er hat die Menschen froh gemacht.« Eine reiche Stiftsherrin ließ ein Armenhaus bauen, in dem 20 Frauen kostenlos leben konnten. Sie hatte das an eine Bedingung geknüpft: Die Frauen mussten sich verpflichten, jeden Tag eine Stunde lang für das Seelenheil der Stiftsherrin zu beten.

Was aber bringt uns wirklich in den Himmel?

Um diese Frage klar und deutlich zu beantworten, hat Jesus uns ein Gleichnis erzählt. Im Lukasevangelium Kapitel 14,16 spricht er von einem Menschen [dieser steht im Gleichnis für Gott], der ein großes Fest [dieses steht im Gleichnis für den Himmel] ausrichten will und zunächst nur gezielt Einladungen verschickt. Die Antworten sind alle niederschmetternd. Einer nach dem anderen beginnt, sich zu entschuldigen. Der erste erklärt: »Ich habe ein Stück Land gekauft...«, der zweite: »Ich habe fünf Ochsengespanne gekauft...«, der dritte: »Ich habe eben erst geheiratet. Darum kann ich nicht kommen.« Jesus beendet das Gleichnis mit dem Urteil des Gastgebers: *»Denn ich sage euch, dass nicht einer jener Männer, die geladen waren, mein Abendmahl schmecken wird«* (Lukas 14,24).

Daran wird deutlich, dass man den Himmel gewinnen oder verlieren kann. Der springende Punkt ist Annahme oder Ablehnung der Einladung. Geht es noch einfacher? Doch wohl nicht! Wenn einmal viele Menschen vom Himmel ausgeschlossen sein werden, dann nicht deshalb, weil sie den Weg nicht gekannt hätten, sondern weil sie die Einladung ausgeschlagen haben.

Die drei im Gleichnis genannten Leute sind uns kein Vorbild, denn keiner von ihnen nimmt die Einladung an und kommt zum Fest! Findet das Fest nun nicht statt? Doch! Nach den Absagen schickt der Hausherr überall Einladungen hin. Nun werden keine Karten mehr mit Goldschnitt gedruckt. Jetzt gilt der bloße

Zuruf: »Kommt!« Und jeder, der sich einladen lässt, erhält einen sicheren Platz beim Fest. Was passiert nun? Ja, die Leute kommen – sogar in hellen Scharen. Nach einiger Zeit zieht der Gastgeber Zwischenbilanz: Es gibt noch freie Plätze! Er sagt zu seinen Dienern: »Geht wieder hinaus! Ladet weiter ein!«

An dieser Stelle möchte ich das Gleichnis auf uns übertragen, denn es trifft genau unsere Situation heute. Es gibt noch freie Plätze im Himmel, und Gott lässt Dir sagen: »Komm, belege Deinen Platz im Himmel! Sei klug und reserviere für die Ewigkeit! Tue es heute!«

Der Himmel ist unvorstellbar schön, und darum vergleicht ihn der Herr Jesus mit einem großen Fest. Im 1. Korintherbrief (Kap. 2,9) heißt es dazu: ***»Was kein Auge gesehen und kein Ohr gehört hat und in keines Menschen Herz gekommen ist, was Gott denen bereitet hat, die ihn lieben.«*** Nichts, aber auch gar nichts auf dieser Erde, ist dem Himmel auch nur annähernd vergleichbar. So unvorstellbar schön ist es dort! Den Himmel dürfen wir auf keinen Fall verpassen, denn er ist sehr kostbar. Einer hat für uns das Tor zum Himmel aufgeschlossen. Das ist Jesus, der Sohn Gottes! Ihm haben wir es auch zu verdanken, dass es so einfach ist, dorthin zu gelangen. Es liegt jetzt nur noch an unserem Wollen. Nur wer so kurzsichtig ist wie die drei Männer im Gleichnis, folgt der Einladung nicht.

Die Rettung geschieht durch den Herrn Jesus

In der Apostelgeschichte (Kap. 2, 21) lesen wir einen sehr wichtigen Vers: *»Jeder, der den Namen des Herrn* [= Jesus] *anrufen wird, wird errettet werden.«* Das ist ein Kernsatz des Neuen Testaments. Als Paulus im Gefängnis in Philippi war, brachte er es in dem Gespräch mit dem Aufseher auf den Punkt: »Glaube an den Herrn Jesus, und du wirst errettet werden, du und dein Haus« (Apostelgeschichte 16,31). Diese Botschaft ist zwar kurz und knapp, aber durchgreifend und lebensverändernd. Noch in derselben Nacht bekehrte sich der Gefängniswärter zu Jesus.

Es gibt etwas, das wir unbedingt wissen müssen: Jesus möchte uns von dem Weg wegholen, der in der Verdammnis endet, der Hölle. Über Himmel und Hölle sagt die Bibel, dass die Menschen dort ewig sein werden. Der eine Ort ist herrlich, der andere schrecklich. Einen dritten Ort gibt es nicht. Fünf Minuten nach dem Tode wird niemand mehr sagen, mit dem Tode sei alles aus. An der Person Jesu entscheidet sich alles. Unser ewiger Verbleib hängt von einer einzigen Person ab: Jesus – und von unserer Beziehung zu Ihm!

Als ich in Polen zu einer Vortragsreise unterwegs war, besuchten wir das ehemalige Konzentrationslager (KZ) Auschwitz. Dieses KZ wurde während des Zweiten Weltkrieges von den Nazis im Süden Polens eingerichtet. In Auschwitz wurden Menschen systematisch umgebracht, die von den Nazis verfolgt wurden. Schreckliche Dinge haben sich dort ereignet. Von 1942 bis 1944 wurden hier mehr als 1,6 Millionen Menschen, vorwiegend Juden, vergast und anschließend verbrannt. Man spricht in der Literatur von der »Hölle von Auschwitz«. Ich habe über diese Bezeichnung nachgedacht, als wir von einer Angestellten durch eine Gaskammer geführt wurden, in der pro Charge 600 Menschen auf einmal umkamen. Es war unvorstellbar schrecklich. Aber war das wirklich die Hölle?

Wir konnten uns als Besuchergruppe die Gaskammer nur darum ansehen, weil seit Januar 1945 das Grauen ein Ende hat. Jetzt sind die Anlagen zur Besichtigung freigegeben und niemand wird dort mehr gequält oder vergiftet. Die Gaskammern von Auschwitz waren zeitlich begrenzt. Die Hölle der Bibel jedoch ist ewig.

In der Eingangshalle des heutigen Museums fiel mein Blick auf ein Bild, das ein Kreuz mit dem Corpus Christi zeigt. Ein Häftling hatte seine Hoffnung auf den Gekreuzigten mit einem Nagel in die Wand geritzt. Auch dieser Künstler starb in einer Gaskammer. Er kannte den Retter Jesus. Er starb zwar an einem ganz schrecklichen Ort, doch ihm stand der Himmel offen. Aus jener Hölle aber, vor der der Herr Jesus im Neuen Testament so eindrücklich warnt (z.B. Matthäus 7,13; 5,29-30; 18,8), gibt es kein Entrinnen und keine Rettung mehr, wenn der Mensch erst einmal dort angekommen ist. Da die Hölle im Gegensatz zu Auschwitz ewig in Betrieb ist, kann sie auch niemals besichtigt werden.

Auch der Himmel ist ewig. Und das ist der Ort, an den uns Gott bringen möchte. Lassen Sie sich darum einladen, in den Himmel zu kommen. Rufen Sie den Namen des Herrn an, und buchen Sie damit den Himmel! Nach einem Vortrag fragte mich eine Frau ganz aufgeregt: »Kann man denn den Himmel überhaupt buchen? Das klingt so nach Reisebüro!« Ich stimmte ihr zu: »Wer nicht bucht, kommt nicht ans Ziel. Wenn Sie nach Hawaii wollen, brauchen Sie doch auch ein gültiges Flugticket.« Sie fragte zurück: »Das Flugticket muss doch bezahlt werden?!« – »Oh ja, das Ticket zum Himmel auch! Es ist aber so teuer, dass es niemand von uns bezahlen kann. Es ist unsere Sünde, die das verhindert. Gott duldet in seinem Himmel keine Sünde. Wer nach diesem Leben die Ewigkeit bei Gott im Himmel verbringen möchte, muss erst von seiner Schuld befreit werden. Diese Befreiung konnte nur durch eine sündlose Person erwirkt werden – und diese Person ist Jesus Christus. Er allein ist zahlungsfähig! Und Er hat bezahlt mit seinem Blut, durch seinen Tod am Kreuz.«

Und was muss ich jetzt tun, damit ich in den Himmel komme? Auch an uns richtet Gott seine Einladung zur Errettung. Mit Nachdruck laden uns viele Stellen der Bibel ein, auf den Ruf Gottes zu reagieren:

- *»Ringt danach, durch die enge Pforte einzugehen!«* (Lukas 13,24).
- *»Tut Buße, denn das Reich der Himmel ist nahe gekommen!«* (Matthäus 4,17).
- *»Geht ein durch die enge Pforte; denn weit ist die Pforte und breit der Weg, der zum Verderben führt, und viele sind (es), die auf ihm hineingehen. Denn eng ist die Pforte und schmal der*

Weg, der zum Leben führt, und wenige sind (es), die ihn finden« (Matthäus 7,13-14).

- *»Ergreife das ewige Leben, zu dem du berufen worden bist«* (1. Timotheus 6,12).
- *»Glaube an den Herrn Jesus, und du wirst errettet werden«* (Apostelgeschichte 16,31).

Das alles sind sehr aufrüttelnde und eindringliche Einladungen. Man spürt den Texten den Ernst, die Entschiedenheit und die Dringlichkeit ab. So handeln wir nur konsequent, wenn wir die Einladung zum Himmel mit einem Gebet beantworten, das in freier Formulierung etwa so lauten könnte:

»Herr Jesus Christus, Dein Name ist mir bekannt. Ich habe aber bisher so gelebt, als wenn es Dich überhaupt nicht gäbe. Jetzt habe ich erkannt, wer Du bist, und darum wende ich mich erstmals in einem Gebet zu Dir. Ich weiß nun, dass es einen Himmel und auch eine Hölle gibt. Errette mich darum vor der Hölle, in die ich wegen all meiner Schuld, besonders des Unglaubens, eigentlich hinkäme. Es ist mein Wunsch, einmal in alle Ewigkeit bei Dir im Himmel zu sein. Mir ist bewusst, dass ich nicht durch eigene Verdienste, sondern nur durch den Glauben an Dich in den Himmel kommen kann. Weil Du mich liebst, bist Du auch für mich am Kreuz gestorben und hast meine Verfehlungen auf Dich genommen und für mich bezahlt. Ich danke Dir dafür. Du siehst alle meine Schuld, auch die von meiner Kindheit an. Jede einzelne Sünde meines Lebens ist Dir bekannt – alles, was mir jetzt bewusst ist, aber auch alles, was ich längst vergessen habe. Du weißt alles über mich,

denn Du kennst mich ganz genau. Mit jeder Regung meines Herzens bist Du vertraut, ob es Freude oder Trauer, Wohlergehen oder Verzagtheit ist. Vor Dir bin ich wie ein aufgeschlagenes Buch. So, wie ich bin und wie ich bisher gelebt habe, kann ich vor Dir und dem lebendigen Gott nicht bestehen, und darum würde ich den Himmel verpassen. Darum bitte ich Dich, vergib mir alle meine Schuld. Meine Sünden tun mir von Herzen Leid. Bitte hilf mir, alles abzulegen, was vor Dir nicht richtig ist und schenke mir neue Gewohnheiten, die unter Deinem Segen stehen. Gib mir ein gehorsames Herz. Öffne mir den Zugang zu Deinem Wort, der Bibel. Hilf mir, dass ich verstehe, was Du mir darin sagen willst und dass ich in Deinem Wort neue Kraft und Lebensfreude finde. Du sollst von jetzt an mein HERR sein, zu dem ich gerne gehöre und dem ich folgen will. Zeige mir bitte den Weg, den ich nun gehen soll. Ich danke Dir, dass Du mich erhört hast. Ich glaube Deiner Zusage, dass ich jetzt durch meine Hinwendung zu Dir ein Kind Gottes geworden bin, das einmal ewig bei Dir im Himmel sein wird. Ich freue mich über den großen Gewinn, Dich jetzt schon in jeder Situation an meiner Seite zu haben. Bitte hilf mir dabei, Menschen zu finden, die auch persönlich an Dich glauben und lass mich eine biblisch orientierte Gemeinde finden, wo ich regelmäßig Dein Wort hören kann. Amen.«

Der Autor:

Dir. u. Prof. a. D. Dr.-Ing. Werner Gitt, am 22.02.1937 in Raineck/Ostpr. geboren. Von 1963 bis 1968 absolvierte er ein Ingenieurstudium an der Technischen Hochschule Hannover, das er als Dipl.-Ing. abschloss. Von 1968 bis 1971 war er Assistent am Institut für Regelungstechnik an der Technischen Hochschule Aachen. Nach zweijähriger Forschungsarbeit promovierte er zum Dr.-Ing. Von 1971 bis 2002 leitete er den Fachbereich Informationstechnologie bei der Physikalisch-Technischen Bundesanstalt (PTB) in Braunschweig. 1978 wurde er zum Direktor und Professor bei der PTB ernannt. Er hat sich mit wissenschaftlichen Fragestellungen aus den Bereichen Informatik, numerischer Mathematik und Regelungstechnik beschäftigt und die Ergebnisse in zahlreichen wissenschaftlichen Originalarbeiten publiziert.

1990 gründete er die »Fachtagung Informatik«, zu der jährlich um die 150 Teilnehmer anreisen. Ziel ist es, biblische Leitlinien mit wissenschaftlichen Fragestellungen (besonders im Bereich der Informationswissenschaften) zu verbinden. Seit 1984 vertritt er das Gebiet »Bibel und Naturwissenschaft« als Gastdozent an der »Staatsunabhängigen Theologischen Hochschule Basel (STH Basel)«. Seit 1966 ist er mit seiner Frau Marion verheiratet. Im September 1967 wurde Carsten und im April 1969 Rona geboren.

Homepage von Werner Gitt: www.wernergitt.de
Dort sind zu finden:

Liste der aktuellen Vortragstermine.
Aufsätze und Bücher in verschiedenen Sprachen zum
Herunterladen.

Traktate im Lese- und Druckmodus (z.B. „Wie komme ich in den Himmel?", „Wer ist der Schöpfer?",
„Wunder der Bibel", „Was Darwin noch nicht wissen
konnte", „... und Er existiert doch", „Krippe, Kreuz
und Krone", „Reise ohne Rückkehr", „Die größte Entscheidung", „Widerlegung der Evolution durch Naturgesetze", „Unsere Erde – Ein außergewöhnlicher
Planet") zum Herunterladen.
Die hier genannten Traktate gibt es auch in vielen
anderen Sprachen. Am meisten wurde bisher „Wie
komme ich in den Himmel?" übersetzt. Diese Schrift
gibt es in etwa 70 Sprachen.

Übersetzung der lateinischen Widmung:

Die Weisen ehrten unseren Herrn Jesus durch ihre
mitgebrachten Geschenke. Mit diesem Buch wollen wir es ihnen gleichtun und ihm all die Gedanken
als Geschenk bringen und ihn auch damit ehren:
Ehre sei dem, der den Stern von Bethlehem schuf
und dem, auf den er verwies und der unseretwegen
in diese Welt kam, um uns zu erretten.